잊지마,
내 삶의 주인공은 나라는 걸

| 추천시 |

지금, 이 순간을 놓치지 마라.
'나는 지금 이렇게 살고 있다.'고 순간순간 자각하라.

한눈팔지 말고, 딴 생각하지 말고,
남의 말에 속지 말고, 스스로 살펴라.
이와 같이 하는 내 말에도 얽매이지 말고
그대의 길을 가라.

이 순간을 헛되이 보내지 마라.
이런 순간들이 쌓여 한 생애를 이룬다.

너무 긴장하지 마라.
너무 긴장하면 탄력을 잃게 되고
한결같이 꾸준히 나아가기도 어렵다.
사는 일이 즐거워야 한다.

날마다 새롭게 시작하라.
묵은 수렁에서 거듭거듭 털고 일어서라.

__ 법정 스님 《홀로 사는 즐거움》에서

잊지마,
내 삶의 주인공은 나라는 걸

김경하 지음

루이앤휴잇

다른 사람이 만든 행복의 기준을 좇지 마라

나와 전혀 관계없으리라고 생각했던 일들과 마주하기 전까지, 나는 '내가 튀지 않으면 세상도 나를 건드리지 않을 것'이라고 생각했다. 그도 그럴 것이 그때까지 나는 전혀 아쉬울 것 없는 삶을 살았다. 고난과 시련은 TV 드라마에나 나오는 먼 세상 이야기였고, 성공한 사람들의 이야기 역시 나와 관계없는 아주 특별한 것에 지나지 않았다. 고난과 시련을 단 한 번도 겪어보지 않은 것은 아니다. 나 역시 수많은 고난과 시련을 겪었다. 하지만 충분히 이겨낼 만한 것이었기에 크게 신경 쓰지 않았을 뿐이다. 그런데 언제부터인가 끝도 없이 어두운 터널 속에 갇히고 말았다.

고난과 시련은 특정한 사람에게만 오는 것이 아니다. 그것은 누구에게나 불시에 찾아온다. 그렇다면 그것은 우리 삶에 어떤 의미가 있을까.

고난과 시련은 삶을 파국으로 몰아넣기 위해서 오는 것이 아니다. 고난과 시련을 겪고 나면 더 크고 단단해진 자신과 만나게 된다.

여기, 한 사람이 있다. 그는 여섯 살에 아버지를 잃고, 열두 살에 어머니가 재혼해서 집을 떠나 어렸을 때부터 농장 일을 시작으로 수많은 직장을 전전해야 했다. 한때 사업 성공으로 성공 가도를 달리기도 했지만, 그것도 잠시, 곧 모든 것을 잃고 말았다. 그때 그의 나이 예순이 넘었다. 그 후 그는 낡은 중고 자동차를 타고 식당들을 무작정 찾아다녔다. 자신만의 조리법을 팔기 위해서였다. 하지만 누구도 그의 조리법에 관심을 두지 않았다. 그렇게 해서 거절당한 횟수만 무려 천 번이 넘었지만, 그는 절대 포기하지 않았다. 그만큼 간절했기 때문이다. 그리고 마침내 1,010번의 도전 끝에 첫 번째 계약을 맺을 수 있었다. 그때 그의 나이 예순여덟 살이었다.

또 한 사람이 있다. 그녀는 이혼 후 젖먹이 딸과 함께 단칸방에 살며 정부 보조금에 의지했다. 딸에게 먹일 분유가 없어서 손가락을 빨린 적도 있을 만큼 처참한 삶이었다. 하지만 그녀는 한순간도 꿈을 놓지 않았다. 포기하고 싶은 순간, 다시 한 번 더 이를 악물고 전진했다. 그리고 마침내 세계 최고의 베스트셀러 작가가 되었다.

〈KFC〉 창업자 커넬 할랜드 샌더스와《해리포터》시리즈의 작가 조앤 K. 롤링의 이야기다. 두 사람은 고난과 시련이라는 삶의 절벽에서 포기와 절망 대신 새로운 도전을 꿈꾸었다. 또한, 무모할 만큼 자기 자신을 믿었으며, 수많은 실패와 좌절에도 전혀 두려워하지 않았다. 물론 피눈

물도 흘렸고, 포기하고 싶은 유혹도 느꼈지만, 그때마다 자신과의 약속을 떠올리며 그것을 철저히 실천해 마침내 삶의 승리자가 되었다. 과연, 그 힘은 어디서 나온 것일까. 그 힘의 원천은 바로 '간절함'과 '절실함'에 있다.

시인 도종환의 말마따나 이 세상에 "흔들리지 않고 피는 꽃은 없다." 수많은 고난과 시련을 겪은 뒤라야 꽃은 비로소 활짝 피어난다. 우리 삶 역시 마찬가지다. 누구나 수없이 넘어지고, 다시 일어서기를 반복한다. 그런 점에서 삶은 직선이 아닌 곡선이다.

때로는 돌아가는 길이 더 빠를 수도 있다. '혼을 담아 노래한다.'라는 소리를 듣는 소리꾼 장사익은 이렇게 말한 바 있다.

"몇십 년을 돌아 길을 찾았구나. 인생이란 이런 것이구나. 일찍 피는 꽃도 있지만, 늦가을에 피는 꽃도 있구나."

그는 상고 졸업 후 보험회사를 시작으로 무려 열다섯 곳이 넘는 직장을 전전했지만, 전혀 신이 나지 않았다고 한다. 하나같이 하고 싶은 일이 아니었기 때문이다. 그러다가 마흔셋 되던 해 '딱 3년만 미쳐보자.'라며 하고 싶은 일에 도전했고, 늦가을 꽃처럼 활짝 피었다.

혹시 당신도 지금 자신이 너무 늦된다고 걱정하고 있지는 않은가? 그렇다면 괜한 걱정을 하는 것이다. 너무 늦었다고 해서 미안해할 필요도, 너무 빠르다고 해서 우쭐할 필요도 없다. 그저 각자 자기 리듬에 맞춰 살면 된다. 중요한 것은 목적지까지 이르는 과정이다.

많이 넘어진 사람일수록 쉽게 일어선다. 그러나 넘어지지 않는 방법만 배운 사람은 일어서는 법을 모른다.

고난과 시련을 새로운 기회로 삼아라. 다시 일어설 수만 있다면 몇 번쯤 넘어져도 괜찮다. 미국 프로야구 뉴욕 양키스의 전설적인 포수 요기 베라의 말처럼 끝날 때까지는 끝난 것이 아니다.

누구나 살면서 수많은 고난과 시련에 부딪힌다. 그때마다 우리가 해야 할 일은 삶에 절망하고 굴복하는 것이 아니다. 고난과 시련은 우리를 더 단단하게 성장시키는 채찍일 뿐이다.

고난과 시련을 바라보는 시선이 어디를 향하는지에 따라 삶은 크게 바뀐다. 지금의 고난과 시련 때문에 미래를 걱정하고 두려워할 필요는 전혀 없다. 간절함과 절박함을 통해 미래에 대한 확신과 믿음만 갖는다면 얼마든지 원하는 미래와 만날 수 있기 때문이다.

자신을 믿지 못하고, 두려움과 절망, 불안이 내면에 자리하면 고난과 시련에서 절대 벗어날 수 없다. 고난과 시련은 '나'를 변화시키며, 원하는 삶으로 나아가는 과정일 뿐이다.

초등학교도 나오지 못했지만, 수많은 고난과 시련을 극복하고 세계적인 기업을 일구어 일본 '경영의 신' 반열에 오른 마쓰시타 고노스케는 이렇게 말한 바 있다.

"삶은 크고 작은 오르내림의 연속이다. 올라가기만 하는 일도 없고, 내려가기만 하는 일도 없다. 오르내림을 반복하는 동안 우리는 갈고 닦이며 연마된다."

CONTENTS

CHAPTER 02

길을 잃고 방황하는 나에게

CHAPTER 03

새로운 변화를 꿈꾸는 나에게

CHAPTER 04

위기를 기회로 바꾸고 싶은 나에게

CHAPTER 05

다시 시작하는 나에게

삶의 무게는 변하지 않는 법이다.
만일 지금 하는 고민이나 의문을 말끔히 해결하지 못하면
언젠가는 그것이 우리를 다시 찾아올 것이다.
그러니 번거롭고 귀찮더라도 삶이 던지는 질문을 절대 피해선 안 된다.

CHAPTER 01

가끔은 모든 걸 놓아 버리고 싶은 나에게

고난과 시련을 새로운 기회로 삼아라.

많이 넘어질수록 쉽게 일어선다.

넘어지지 않는 방법만 배운 사람은 일어서는 법을 모른다.

__ **마쓰시타 고노스케, 일본 '경영의 신'**

CHAPTER 01

흔들리지 않고 피는 삶은 없다

일주일에 이삼일은 차로 10분 거리에 있는 둘레길 산책을 하곤 한다. 천천히 걸으며 호흡을 가다듬고, 마음을 평온하게 하면 마음속 불안과 두려움이 서서히 자취를 감추며, 정체 모를 감정에 가슴이 뭉클하고 훈훈해진다. 그때마다 나는 속으로 이렇게 외치곤 한다.

'나는 행복하다. 나는 내 삶의 주인공이다. 나는 모든 시련을 완벽히 해결할 수 있다. 나는 내가 원하는 삶을 살 것이다.'

신은 특별히 누구는 불행하고, 누구는 행복하게 만들지 않았다. 불행과 행복을 어떻게 보느냐에 따라서 불행할 수도, 행복할 수도 있을 뿐이다.

신혼여행 후 시댁에 머무를 때의 일이다. 남편은 결혼 전 나와 함께 있을 때면 사소한 것까지 챙기는 매우 배려 깊은 사람이었다. 그런데 시댁에 머무는 동안 지켜본 남편의 모습은 전혀 달랐다. 과연, 이 사람과 평생 함께할 수 있을까? 라는 의구심이 들 정도였다.

남편은 그때까지 내가 알던 사람과 전혀 달랐다. 무뚝뚝한 태도에서 둘이 함께할 때의 다정함과 배려라고는 전혀 찾아볼 수 없었다. 낯선 환경 탓에 남편의 따뜻한 배려가 절실했지만, 남편의 낯선 모습은 나를 불편하게 했다. 결혼을 잘못한 건 아닐까? 라는 생각마저 들 정도였다. 그런 남편을 보고 있자니 도저히 참을 수 없었던 나는 결국 폭발하고 말았다. 모든 것이 조심스럽고 낯선 곳에서 나를 감싸줘야 하는데도 오히려 낯선 모습으로 나를 대하는 남편을 보니 주체할 수 없을 정도로 화가 치밀어 올랐기 때문이다.

집에 돌아온 후에도 화는 쉽게 누그러지지 않았다. 결국, 나는 또다시 남편에게 화를 내고 말았다. 특히 부정적인 마음은 현실을 더욱더 힘들게 했다. 남편의 상황이나 마음은 전혀 이해하려고 하지 않았다. 내 안의 화가 똘똘 뭉쳐 다른 어떤 것도 보지 못하게 했기 때문이다. 오직 내 앞에서 일어난 상황만 보였다. 그러다 보니 남편의 그 어떤 말도 변명으로밖에 들리지 않았고, 내 마음은 '절대 이 사람하고는 못 살아. 어떻게 그럴 수 있지.'라는 불만과 불신으로 가득했다. 남편의 다정함도 더는 눈에 들어오지 않았다.

문제는 그런 생각들이 나를 더욱 불행하게 했다는 것이다. 부정적인 생각을 할수록 상황은 더욱 나빠졌고, 남편을 원망하는 마음 역시 더욱 커졌다. 그런데 어느 날, 문득 이런 생각이 들었다.

'결혼하면 친구 중에서 제일 잘 살 것이라고 다짐하던 나는 어디로 간 거지?'

정신이 번쩍 들었다. 동시에 왜 남편의 전체 모습이 아닌 일부만 보고 화를 내는지, 나 자신을 이해할 수 없었다. 그때부터 내 감정만 우선시하던 마음에서 벗어나 남편의 상황을 이해하려고 했다. 그러자 '남편이 그렇게 행동한 이유가 있었을 것이다.'라는 생각이 들었고, 내 기분과 감정에만 빠져 남편의 일부를 전체로 단정했던 나 자신이 부끄러웠다.

아버지를 일찍 잃은 남편은 맏아들로서 집안의 중심을 잡으며 아버지 역할을 대신해야 했다. 그러다 보니 과묵하고 듬직한 모습을 보여야만 했다. 시댁에서 본 남편의 낯선 모습은 그런 책임감이 만든 것이었다.

••• 흔들리지 않고 피는 꽃은 없다. 수많은 고난과 시련을 겪은 뒤라야 꽃은 비로소 피어난다. 우리 삶 역시 마찬가지다. 누구나 사는 동안 수없이 넘어지고, 깨지며, 다시 일어서서 달리기를 반복한다.

부정적인 생각은 삶 자체를 부정적으로 만든다. 부정적인 생각이 깊어지면 상황에 대한 해석 역시 부정적으로 해서 자신을 더욱더 고통스럽게 할 뿐만 아니라 포기하고 실패하는 삶을 살게 하기 때문이다. 그 결과, 불행한 삶을 살게 된다.

주변에서 일어나는 일을 어떻게 보고, 어떻게 해석하느냐에 따라 삶은 크게 달라진다. 이기적이고 부정적인 생각이 마음에 자리하고 있으면 현실을 제대로 판단할 수 없다. 부정적인 생각의 틀에 갇힌 나머지 삶을 불행하게 만들기 때문이다.

대부분 사람은 힘든 상황에 부딪히면 '우물 안 개구리'가 된다. 도저히 거기서 빠져나갈 수 없을 것만 같은 부정적인 생각에 사로잡히기 때문이다. 그러다 보면 우물 밖 세상이 있다는 사실은 까맣게 잊고 오직 자신의 신세만 한탄하게 된다. 문제는 그럴수록 상황이 더욱 힘들어지며, 해결 방안 역시 까마득해진다는 것이다. 부정이라는 고통 속에 자신을 가두면 어떤 희망도 보이지 않기 때문이다.

부정적인 생각에서 벗어나라. 그러지 않으면 행복은 영원히 붙잡을 수 없는 신기루에 지나지 않는다. 행복하려면 가장 먼저 생각을 바꿔야 한다. 행복은 그것을 간절히 원하는 사람에게만 오기 때문이다.

'다른 사람들은 모두 행복해 보이는데, 왜 나만 힘들고, 괴로우며, 외로울까?'란 생각은 버려야 한다. 그것은 삶을 두렵게 하고, 패배주의로 이끌 뿐이다.

행복은 절대 멀리 있지 않다. 그것은 오늘 우리의 생각과 행동이 만드는 결과물이다.

> 흔들리지 않고
> 피는 꽃이 어디 있으랴.
> 이 세상 그 어떤 아름다운 꽃들도
> 다 흔들리면서 피어난다.

- 도종환, 〈흔들리지 않고 피는 꽃이 어디 있으랴〉 중에서

02

CHAPTER 01

누구나 한번은
길을 잃고 길을 만든다

자신이 불행하다고 생각하는가? 불행은 현실을 탓하고, 다른 사람과 나를 비교하면서 시작된다. 불행은 스스로 만드는 것이다. 자기가 처한 현실을 있는 그대로 바라보며 인정할 때 우리는 한 걸음 더 나아갈 수 있다. '왜 나만 불행할까?'라는 생각은 불행이라는 깊은 터널 속으로 자신을 더욱 깊이 끌어들일 뿐이다.

나 역시 끝이 보이지 않는 어두운 터널 속에 갇힌 것만 같았던 때가 있었다.

"은행 이자보다 더 줄게."

지인의 이 말을 믿고 덥석 돈을 빌려준 적이 있다. 그때부터 뜻하지 않는 시련이 시작되었다. 지인에게는 사업가 남편이 있었다. 매우 성실해

보였고, 지인 역시 그런 남편을 자주 칭찬하던 터라, 나 역시 좋은 이미지를 갖고 있었다. 그런데 어느 순간부터 돈 이야기를 자주 했다. 좋은 사업 아이템이 있는데, 돈을 빌려주면 은행 이자보다 훨씬 더 쳐주겠다면서. 처음에는 애써 무시했지만, 시간이 갈수록 믿음직스러운 모습에 결국 수천만 원을 빌려주게 되었다. 당연히 불안했다. 적은 돈도 아닌 데다 남편 몰래 빌려준 것이었기 때문이다. 하지만 은행보다 더 많은 이자를 준다니, 내심 살림에도 도움이 되겠다, 라는 마음이 앞선 것도 사실이다.

처음 얼마 동안은 정해진 날에 꼬박꼬박 이자를 주었다. 그러자 불안한 마음이 점점 사라지고, 전적으로 믿어도 되겠다는 생각이 들었다. 그때부터였다. 며칠만 쓰고 줄 테니 돈을 더 빌려달라는 부탁을 시도 때도 없이 해왔고, 더는 의심하지 않았던 나는 번번이 돈을 빌려주었다. 그때까지도 '내가 도대체 무슨 일을 하고 있는지' 자각하지 못했다. 지인이 가까운 곳에 살고 있고, 그 남편 역시 성실하게 사업을 잘하고 있었기 때문이다. 하지만 딱 거기까지였다. 이자 지급을 차일피일 미루더니 원금 상환일이 되어도 아무런 연락이 없었다. 지인은 자기도 투자한 곳이 있으니 그걸 받아서 주겠다고 했지만, 계속 똑같은 말만 반복할 뿐 문제를 해결할 의지는 없어 보였다. 피 말리는 날이 이어졌고, 불안함과 두려움에 나는 잠을 제대로 이룰 수 없었다. 하루하루가 고통의 연속이었다. 하지만 그것이 다가 아니었다. 더 큰 문제는 따로 있었다. 지인 명의의 재산이 아무것도 없었기 때문이다. 집 역시 은행에 담보로 잡혀 있었다. 그것도 시세의 90%에 이르는 금액으로, 도저히 법적으로는 빌려준 돈을 받아내기 힘든 상황이었다. 하늘이 무너지는 듯했다. 적은 돈도 아닌데다 남편 몰래 빌려준 것이었기에 그 고통은 더욱더 컸다. 제대로 숨 쉴 수조차 없을 정도였다. 세상이 잿빛으로 변한 것만 같아 하루하루가 견디기 힘들었다. 끝이 보이지 않는 터널 속에 갇힌 듯했다. '돈 빌려달라는 말만 거절했어도 이런 일이 없었을 텐데.'라는 뒤늦은 후회가 나를 더욱더 괴롭혔다. 왜 사람들이 힘든 상황에서 극단적인 선택을 하는지도 비로소 이해되었다. 특히 힘들었던 건 가족에게는 아무 일도 없는 것처럼 보여야 한다는 것이었다. 하지만 그래서 더 미안했고 마음 아팠다. 밤이 되면 어두운 생각이 꼬리에 꼬리를 물며 나를 괴롭혔다. 그러던 어느 날, '더는 나를 불행하게 해서는 안 되겠다.'라는 생각이 들었다. 그제야 정신이 번쩍 들었다.

힘든 현실에 안주하며, 세상을 원망하고, 자신을 탓하면 불행의 굴레에서 영원히 벗어날 수 없다. 불행한 삶에서 벗어나려면 마음의 상처와 정면으로 마주해야 한다. 그렇게 해서 상처를 극복해야만 불행에서 벗어날 수 있다.

어떻게 하면 상처를 극복할 수 있을까. 무엇보다도 현재의 힘든 상황은 얼마든지 해결할 수 있다고 믿으며 현실에 얽매이지 않아야 한다. 노력으로 안 되는 것은 신의 영역으로 돌리면 된다.

나 역시 부정적인 생각부터 벗어던졌다. 그리고 오늘이 아닌 내일을 생각하며 축 처진 어깨를 바로 잡았다. 더는 후회로 나를 괴롭히고 싶지 않았고, 후퇴하는 삶을 살고 싶지 않았다.

고난과 시련에 부딪혔을 때 극단적인 선택을 하는 이유는 현재의 상황 때문이 아니다. 그것은 어떤 생각이 머리와 가슴을 채우고 있느냐의 문제다. 어떤 생각을 하느냐에 따라 삶의 방향이 달라지기 때문이다.

아직도 지인과의 돈 문제는 말끔히 해결되지 않았다. 하지만 지금의 나는 그때의 나와 비교해서 확연히 달라졌다. 더는 그 문제로 나를 괴롭히지 않는다. 단언컨대, 그 일을 계기로 나와 나의 내면은 더 단단해지고 크게 성장했다.

••• 깊은 상처가 깊은 인생을 만든다. 스무 살까지의 삶이 '열정'으로 만들어졌다면 서른 이후의 삶은 '간절함'과 '절실함'에 의해 완성되기 때문이다.

살다 보면 누구나 한번은 길을 잃고 길을 만든다. 불행을 스스로 원하는 사람은 없다. 그런 점에서 '왜 나만 불행할까?'라는 질문은 스스로 불행을 인정하는 것과 같다. 불행을 인정한다는 것은 삶을 포기하는 것과 다름없다. 그러니 '왜 나만 불행할까?'라는 질문에 앞서 그렇게 된 진정한 이유가 무엇인지부터 살펴봐야 한다.

고난과 시련을 극복하고 성공한 사람들은 특별한 사람들이 절대 아니다. 그들 역시 우리처럼 아주 평범한 사람들이다. 그런 점에서 특별한 사람들만 불행을 극복할 수 있다는 생각은 착각에 지나지 않는다. 그렇다면 그들은 어떻게 무수한 고난과 시련을 극복했을까.

그들은 간절함과 절박함을 통해 자신을 긍정적으로 무장하고, 미래에 대한 확신으로 자신을 현재에 머무르게 하지 않았다. 그것이 그들을 성공으로 이끌었다.

불행하기 위해 태어난 사람은 없다. 어떤 상황에서도 자기 자신을 포기하지 않고 소중하게 생각해야 한다. 현실을 부정하며, 책임을 회피해서도 안 된다. 어제보다 더 나은 오늘이 되어야 하며, 오늘보다 더 나은 내일을 만들어야 한다. 불행한 현실을 극복할 힘이 우리에게는 있다. 그 힘을 어떻게 사용할지는 오직 자신에게 달려있다. 그런 점에서 때로는 삶의 바닥을 치는 일이, 더 나은 미래를 위한 '숨 고르기의 시간'이 되기도 한다.

03

CHAPTER 01

내가 없는 삶은 아무런 의미가 없다

나는 현재에 안주하고 싶지 않다. 언제나 더 나은 삶을 꿈꾸기 때문이다. 남편 내조하고, 아이들을 키우는 삶에 만족하며 큰 욕심 없이 살 수도 있지만, 내가 주체가 되지 않는 삶은 싫다. 그 때문에 마음속에 항상 새로운 꿈이 가득하다. '과연 그것을 이룰 수 있을까?'라는 의문이 들기도 하지만, 내가 원하는 삶을 사는 모습을 떠올리면 잠시도 나를 가만히 내버려둘 수 없다.

자신이 원하는 꿈을 이루며 사는 사람들을 보면 대단하다는 생각이 든다. 솔직히 부럽기도 하다. 나 역시 내가 원하는 삶을 살고 싶다. 내 삶의 주체가 되는 '주인공의 삶'을 살고 싶다. 내가 원하는 삶을 살기 위해 나는 평범한 아줌마의 삶을 포기했다.

특별한 일이 없는 한 나는 집안일을 오전 9시 안에 끝내고, 책을 읽으며 생각할 시간을 가진다. 오전에는 약속을 절대 하지 않는다. 또한, 반신욕을 즐기며 기분을 다잡고, 나를 돌아보곤 한다. 피부 관리에도 나름대로 신경 쓰고, 몸 관리도 소홀히 하면 안 된다는 생각에 일주일에 네다섯 번은 집에서 한 시간 정도 운동을 한다. 이런 일상은 나의 내면을 더욱더 풍요롭게 한다. 작은 노력이지만, 변화를 위해 노력하고 있다는 것이 현재의 삶에 더욱더 충실하고 당당하게 살 수 있게 하기 때문이다.

나는 평범해지고 싶지 않았다. 특별한 사람이 되고 싶었다. 그러다 보니 친구 역시 가려서 만난다. 아무 생각 없이 사는 친구들과 어울리다 보면 처음에는 괜찮지만, 만남 횟수가 늘수록 후회하곤 했다. 대화 코드가 맞지 않기 때문이다. 남편 뒷바라지하고, 아이들을 키우는 평범한 삶밖에 몰랐던 시절에 친구란 불만을 쏟아 내는 수다의 대상이었다. 그러다 보니 항상 남편 얘기, 아이들 얘기, 시댁 얘기를 하며 수다 삼매경에 빠졌다. 친구가 남편과 싸운 얘기를 하면 대단히 중요한 일이라도 되는 것처럼 친구와 같은 편이 되어 친구 남편을 욕하며, 해결방안을 찾기 위해 최선을 다했다. 내가 좋아하는 일, 내가 원하는 일, 어떻게 살아야 하는지에 대한 관심은 전혀 없었다.

그 시절 나의 또 다른 관심사는 TV 드라마의 다음 이야기가 어떻게 전개되는가에 있었다. 그러다 보니 좋아하는 드라마가 방송되는 요일과 시간을 일일이 기억하며 그것을 기다리는 게 일상이었다. 그런데도 마음은 항상 텅 빈 듯했다. 나 자신에게 의미를 부여하지 않는 삶이 만족스럽지 않았기 때문이다. 진정한 나를 찾고 싶었다.

그러던 어느 날, 갑자기 이런 의문이 들었다.

나는 어떤 삶을 살고 싶은가?

당당하고 자신감 있는 삶을 살고 싶었다. 그러자면 변화가 절실했다.

나의 변화는 책과 함께 시작되었다. 평범한 아줌마로 사는 삶이 아닌 한 여자로서의 당당한 삶을 살려면 똑같은 경험을 이미 했던 이들의 노하우와 지혜가 필요했다. 책은 거기에 가장 부합하는 역할을 했다. 꿈을 갖게 했고, 그것을 위해 행동하게 했다. 그렇다고 해서 당장 모든 것이 바뀌는 것은 아니었지만, 내가 바뀌고 있음을 느끼는 것만으로도 충분히 가치 있는 일이었다.

••• 내가 없는 삶은 아무런 의미가 없다. 내가 주인공인 삶을 살아야 한다. 그래야만 행복할 수 있다.

누구나 더 나은 미래를 위해 고군분투한다. 문제는 그러는 과정에서 자신을 희생하기도 한다는 점이다. 가족을 위하는 것, 친구를 위하는 것이 곧 자신을 위하는 일이라고 생각하기 때문이다.

가족을 책임지는 삶을 사는 것은 지극히 당연한 일이다. 나 몰라라 하며 가족을 무시하고 자기 하고 싶은 것만 한다면 차라리 혼자 사는 것이 옳다. 하지만 단지 가족이라는 이유로 자신의 모든 것을 희생하는 것이 과연 옳을까? 몸이 보내는 신호, 내면이 원하는 소리를 외면하는 것이 과연 옳을까?

내가 빠진 삶은 공허하고 허무하기 그지없다. 그러다 보니 삶이 무의미하고 초라하게 느껴지기도 한다. '나'의 존재를 인정해야 한다. 그래야만 삶에 더욱더 충실하고 원하는 삶을 살 수 있다.

삶에 결코 다음이란 없다. 이것이 우리가 매일 최선을 다해야 하는 이유요, 내가 주인공인 삶을 살아야 할 가장 중요한 이유다. 한 번뿐인 인생 오직 나를 위해서 살자.

04

CHAPTER 01

가끔은 모든 걸 잠시 내려놓아도 괜찮다

지금 이 시각에도 사회는 빠르게 변하고 있다. 경쟁 역시 그만큼 치열하다. 그러다 보니 너나 할 것 없이 자신의 약한 모습을 감추려고 한다. 내면의 약한 모습을 보이는 순간, 경쟁에서 뒤처지는 것은 물론 소외될 수 있기 때문이다.

자기감정 역시 감출 수밖에 없다. 그것을 들키는 순간, 나약한 사람이 되기 때문이다. 그러다 보니 친구 모임에 나가더라도 행복한 모습으로 완전히 무장한 채 나간다. 그러고는 아무 걱정 없어 보이는 친구들을 보며 다음과 같은 고민에 빠지곤 한다.

다들 행복하게 사는데, 왜 나만 이렇게 힘들까? 그러면서 자신을 불행의 동굴 속으로 더 깊숙이 밀어 넣는다. 겉으로 드러난 친구들의 모습을 진짜 모습으로 착각하면서 말이다.

친정아버지가 뇌졸중으로 쓰러져 중환자실에 입원한 적이 있다. 당시 큰동생은 집과 먼 곳에서 직장에 다녔고, 둘째 동생은 군 복무 중이었다. 남편과 나는 동생들에게 아버지가 위독하다는 사실을 알리지 않았다. 일단, 지켜본 후 상황이 좋지 않으면 그때 얘기하기로 했다. 혹시라도 동생들이 힘들어 할까 싶었기 때문이다.

다행히 아버지는 곧 좋아져서 퇴원 후 뇌졸중 전문 한방병원에 입원했다. 그 과정에서 남편의 도움이 정말 컸다. 그런 남편이 매우 고마웠지만, 한편으로는 자존심이 상했다. 그즈음 아버지의 사업 실패로 친정의 상황이 말이 아니었기 때문이다. 그러다 보니 친정이 걱정되어서 하는 말도 예민하게 받아들이곤 했다. 친정이 가난하다고 무시하는 것만 같았기 때문이다. 그 결과, 남편의 말을 점점 왜곡하기 시작했고, 남편 입에서 친정 얘기만 나오면 예민해졌다. 그렇게 만든 친정 부모님이 원망스럽기도 했다. 한편으로는 동생들을 보살피면서 친정이 무너지지 않도록 기둥 역할을 해야 했다. 부모가 있어도 힘들 때 기댈 수 없었다.

모든 것을 놓아버리고 싶었다. 그만큼 짊어진 짐이 무거웠다. 하지만 애써 그 마음을 감추며, 강한 척했다. 아닌 게 아니라 마음 놓고 기댈 곳이 없다 보니 스스로 강해질 수밖에 없었다. 누구에게도 힘든 상황을 보이고 싶지 않았고, 하소연하고 싶지 않았다.

그때 나는 현실의 무게에 억눌린 나머지 나 자신을 전혀 돌아보지 않았다. 남편에게도, 친정 부모에게도 강한 사람처럼 보이고 싶을 뿐이었다. 나약한 모습은 철저히 감추었다. 남편에게 '고맙다.'는 말을 하는 것조차 철저히 삼갔다. 자존심이 상할뿐더러 고개 숙이는 것만 같았기 때문이다. 그러다 보니 사소한 문제로 다퉈도 크게 도를 넘곤 했다. 나도 그런 내가 싫었다. 모든 걸 놓아버리고 어디론가 떠나고 싶었다.

그러던 어느 날, 남편과 사소한 다툼 끝에 말없이 집을 나온 나는 바닷가 근처에 숙소를 잡았다. 아이들과 남편 걱정에 머릿속이 복잡했지만, 곧 모든 것을 내려놓고 내 마음을 다독이는 데만 열중했다.

남편이 친정을 도와주는 것도 고마운 일이고, 친정아버지가 더 큰 일을 당하지 않은 것도 정말 고마운 일이었다. 그런데 내 안의 못난 자존심이 나를 더 힘든 상황으로 몰고 갔다. 현실에서 조금 떨어져서 나를 바라보니 비로소 그런 잘못된 생각들이 얼마나 나를 괴롭혔는지 비로소 알 수 있었다.

●●● 우리가 짊어진 가방 속에는 필요 없는 것이 너무 많다. 그것이 우리를 행복하게 하면 그나마 다행이지만, 그것은 우리를 더 힘들고 불안하게 할 뿐이다. 그러니 가끔은 그 모든 걸 잠시 내려놓아도 괜찮다.

삶의 무게가 어깨를 짓누르면 모든 걸 놓아 버리고 싶을 때가 있다. 삶에 쉼표가 필요한 순간이다. 그럴 때는 잠시 모든 걸 내려놓아도 괜찮다.

'삶이 힘겹다.'라는 내면의 신호가 오면 절대 무시하지 마라. 그때는 자신을 따뜻하게 돌봐야 한다. 무엇보다도 자신을 소중히 여기며, 내면의 힘든 목소리를 부드럽게 받아줘야 한다. 스스로 가면을 덧씌우며 내면의 진실을 거부해선 안 된다.

가끔은 번잡한 일상에서 벗어나 혼자만의 시간을 갖자. 삶의 무게는 잊고, 자기 자신과 오롯이 둘이서 만나는 것이다. 내면의 힘든 상황을 알아주는 것만으로도 삶의 무게는 훨씬 줄어든다.

대부분 사람은 힘든 현실을 고통스러워할 뿐 그 고통의 원인을 알려고조차 하지 않는다. '힘들다!'면서 외부의 상황에만 집중할 뿐이다. 변함없는 환경을 탓하며, 타인과 자신을 비교하며, 자신의 어깨를 더욱더 무겁게 만든다. 그런 점에서 고난과 시련은 삶의 진정한 의미를 발견하는 소중한 기회다. 이와 관련해서 오스트리아 출신의 유대계 정신과 의사이자, 심리학자인 빅터 프랭클은 이렇게 말한 바 있다.

"가끔은 지기도 하지만 결국 승리한다. 우리는 절망적인 상황에서도, 절대 바꿀 수 없는 운명 앞에서도 삶의 의미를 발견할 수 있다. 중요한 것은 개인적인 비극을 승리로 변화시키는 것이며, 역경을 성공으로 변화시키는 것이다. 더는 상황을 변화시킬 수 없을 때 우리는 스스로 변화하라는 도전을 받는다."

삶의 의미를 발견하는 순간, 행동에도 변화가 일어난다. 힘든 현실의 무게로 인해 가끔 자신을 놓아버리고 싶을 때 우리는 새로운 현실을 간절히 원하며, 자신을 돌아봐 주길 원한다. 더 나은 삶을 절실히 원하는 것이다.

가끔은 삶에 '쉼표'를 주자. 특히 삶의 무게에 짓눌린 나머지 모든 것을 놓아버리고 싶은 사람이라면 더욱더 쉼표를 줘야 한다.

05

CHAPTER 01

꽃은 가장 낮은 곳에서 핀다

아침마다 남편을 데려다주는 길에 항상 멈추는 신호가 있다. 그 시간이면 어김없이 폐지를 담은 손수레를 끌고 가는 아저씨가 있다. 작고 깡마른 체구에 움직임도 매우 부자연스럽지만, 하루도 빠짐없이 그곳을 지나간다. 비틀거리는 몸의 중심을 잡아가며, 손수레를 끌고 가는 모습을 보고 있자면 안쓰럽기 그지없다. 한편으로는 그 힘든 몸으로 거친 세상을 헤쳐나가는 강한 집념이 느껴진다.

우리는 항상 높은 곳을 바라보며, 어떻게 해서건 거기에 다가가려고 안간힘을 쓴다. 아래는 내려다보지도 않는다. 높은 곳의 정상은 과연 어디일까. 거기에 끝은 없다. 정상이다 싶은 곳에 이르면 더 높은 곳이 나타나기 때문이다. 욕심은 더 큰 욕심을 낳을 뿐이다. 자신과 다른 사람을 비교하며 끊임없이 자신을 괴롭히기 때문이다. 지금 우리가 서 있는 자리는 누군가가 간절히 바라는 자리일 수도 있다. 그 자리를 부러워하는 사람도 얼마든지 있다. 그런데도 여전히 더 높은 곳만 바라보며 힘든 삶을 산다.

얼마 전 눈에 띄는 인터넷 뉴스를 하나 봤다. 팔다리 없는 장애를 극복하고 뷰티 크리에이터를 꿈꾸는 영국의 14세 소녀 이지 위얼에 관한 이야기였다.

이지는 어린 시절 앓은 수막염으로 두 팔과 다리를 모두 절단했다. 그녀의 팔은 팔꿈치 바로 아래까지, 다리는 허벅지까지가 전부다. 하지만 그녀는 항상 긍정적으로 살며, 단 한 번도 장애 때문에 불행하다고 생각하지 않았다. 그녀의 요즘 관심사는 메이크업이다. 현재 유튜브에서 뷰티 채널을 운영하고 있는 그녀는 비록 손가락이 없어서 섬세하지는 않지만, 좋아하는 일을 하는 게 정말 즐겁다며, 다음과 같은 포부를 밝혔다.
"저처럼 팔이 없거나 다리가 없는 장애를 가진 사람들에게 마음만 먹으면 할 수 있다는 사실을 보여줘서 그들의 당당한 롤 모델이 되고 싶어요."

많은 사람이 힘들다는 이유로 자신을 절망의 구렁텅이로 밀어 넣곤 한다. 하지만 나보다 더 힘든 사람도 얼마든지 있다. 주목할 점은 지금 자신의 위치에 만족하는 사람보다 만족하지 않는 사람이 훨씬 많다는 것이다. 우리가 다가가려고 안간힘 쓰는 위치에 있는 사람들 역시 마찬가지다. 그들 역시 항상 더 높은 곳을 바라보며 거기에 닿고자 끊임없이 애쓴다. 하지만 고난과 시련 속에서도 항상 자신을 사랑하며, 감사하는 마음으로 희망을 잃지 않고 꿋꿋하게 사는 사람도 적지 않다.

친정엄마를 볼 때마다 안타까움에 눈물 흘리곤 한다. 때로는 그 삶이 존경스럽기도 하다. 엄마의 삶은 측은함과 안타까움 그 자체다.

보통 여자 나이 오십 대면 자식들 교육 다 끝내고 조금씩 여유를 가질 때다. 하지만 엄마는 뇌졸중으로 쓰러진 아버지의 손과 발이 되어야 했다. 엄마는 매일 축 늘어진 아버지의 팔과 다리를 주무르며 오십 대를 보냈다. 그 결과, 아버지는 휠체어에 앉는 것은 물론 손가락도 조금씩 움직일 수 있게 되었지만, 여전히 혼자서는 아무것도 할 수 없었기에 늘 엄마가 곁을 지켜야만 했다.

엄마는 지금껏 당신이 없는 삶을 살았다. 하지만 단 한 번도 자신의 삶을 한탄하거나 억울해하지 않았다. 힘든 것을 내색한 적도 없다. 언제나 밝은 모습이었다. 아버지가 살아계시는 것에 고마워했고, 본인이 건강해야 아버지 수발을 할 수 있다며 새벽 네 시면 집을 나서 열심히 뒷산에 올랐다.

"내가 건강해야 네 아버지를 보살필 수 있지 않겠니? 아버지가 살아 계시는 것만으로도 내게는 큰 힘이 된단다."

엄마는 어떻게 자신이 없는 삶을 살면서도 그렇게 밝은 표정을 지을 수 있을까. 나는 항상 그것이 궁금했다. 엄마는 자신보다 더 힘든 사람이 있음을 생각하며, 아버지가 곁에 계신 것만으로도 다행이라고 여겼다. 혹시 그 마음이 절망에 빠지지 않게 엄마를 붙잡은 것은 아닐까.

●●● 꽃은 가장 낮은 곳에서 피어나고, 삶의 욕구는 가장 절박한 상황에서 솟구친다.

살다 보면 뜻하지 않는 고난과 시련에 부딪힐 때가 있다. 그때는 그것을 기꺼이 받아들여야 한다. 그것이 우리를 더욱더 강하고, 단단하게 하며, 원하는 것을 이루는 밑거름이 되기 때문이다. 비록 현재의 삶이 만족스럽지 않더라도 감사하는 마음으로 세상을 바라보라. 나아가 삶을 회피하지 말고 마주해야 한다. 세상에는 나보다 가진 게 없지만, 더 행복한 사람들도 얼마든지 있다. 그들은 삶의 고난과 시련을 회피하는 대신 정면으로 마주했으며, 작은 것에도 감사해 하는 마음을 갖고 있다.

삶의 무게는 변하지 않는 법이다. 만일 지금 하는 고민이나 의문을 말끔히 해결하지 못하면 언젠가는 그것이 우리를 다시 찾아올 것이다. 그러니 번거롭고 귀찮더라도 삶이 던지는 질문을 절대 피해선 안 된다.

06

CHAPTER 01

힘들수록 삶을 더 응원하고 위로하자

여자에게 결혼이란 과연 무엇일까. 여자에게 결혼이란, 혼자만의 삶에서 아내의 삶, 엄마의 삶이 더해지는 일이다. 당연히 할 일이 많이 늘어난다.

고백건대, 결혼 전 나는 집안일에 손 하나 까딱하지 않았다. 그것은 순전히 엄마 몫이라고 생각했기 때문이다. 그때까지 나는 순전히 나 중심의 이기적인 삶을 살았다. 그러다 보니 결혼 후 가정을 이루어 아내로서, 엄마로서 사는 게 여간 힘들지 않았다. 나라는 존재가 없어진 것만 같았기 때문이다.

알람 소리와 함께 일어나 아침 식사를 준비하고, 남편과 아이들을 출근 및 등교시키고 나면 온몸이 노곤해지기 일쑤다. 하지만 쉴 수 없다. 그때부터 본격적으로 집안일을 해야 하기 때문이다. 아이들 일상에도 부단히 신경 써야 한다. 학교생활은 어떤지, 고민은 없는지, 친구 관계는 원활한지부터 어떻게 하면 아이를 잘 키우고 교육할 수 있을지에 이르기까지 엄마로서의 고민이 끊임없이 이어진다. 그것이 전부가 아니다. 머릿속 가득 가족 생각과 걱정뿐이다. 가족 중 한 명이라도 안 좋은 일이 있으면 함께 우울해진다. 가족 일은 남의 일이 아닌 자기 일이기 때문이다. 이것이 바로 아내, 엄마라는 자리가 주는 책임감이다. 그 책임감은 그만큼 여자를 강하게 만든다.

아이들이 초등학교 다닐 때, 초등학교 방과 후 수업을 처음 맡게 되었다. 하지만 그로 인해 엄마의 부재를 느끼게 하고 싶진 않아 나만의 규칙을 만들어 시간을 효율적으로 분배했다.

우선, 아침에 일어나면 아침 식사 준비와 함께 집안일을 했고, 남편과 아이들이 출근 및 등교하고 나면 짧은 시간이지만, 나만의 시간을 가졌다. 그때는 음악도 듣고, 책도 읽으면서 그날 해야 할 일을 챙겼다. 수업 후에는 즉시 집으로 돌아와서 아이들 간식을 챙기고, 학교 숙제를 점검한 후 저녁 식사를 준비했다. 그러다 보면 하루가 정신없이 지나갔다. 그래서일까. 언제부터인가 나만의 시간이 절실했다. 혼자만의 자유가 매우 그리웠기 때문이다. 나만 생각하며 살던 시절로 돌아가고 싶은 생각이 문득문득 들었다. 부모 밑에 있을 때는 부모의 소중함을 몰랐다. 부모의 보호 속에 있는 것이 얼마나 행복한지, 부모라는 울타리가 얼마나 소중한지 몰랐기 때문이다.

가정을 이루고, 자기 책임을 다하려면 자기 마음을 끊임없이 채찍질하고 다스려야 하며, 강한 인내가 필요하다. 모든 것이 서툴렀던 나 역시 가정으로 인해 달라질 수밖에 없었다. 여자로서의 삶 역시 마찬가지다.

결혼 전 나는 내가 주체가 되는 삶을 살며 누릴 수 있는 모든 것을 누리고 즐겼다. 하지만 아내로서, 엄마로서 살게 되자 모든 것이 바뀌었다. 여자도 남자도 아닌 또 다른 성을 갖고 사는 것만 같았다. 나를 돌보는 것보다 가족이 우선이었기 때문이다.

결혼 후 육아에 파묻혀 지낼 때의 일이다. 어느 날 친구로부터 다음과 같은 얘기를 들었다.

"내 친구가 시내에서 너를 봤는데, 너 아닌 줄 알았다더라."

친구 지인이 결혼 전과는 사뭇 다른 내 모습을 본 모양이었다. 그러면서 친구는 "어떻게 그렇게 변할 수 있느냐?"라고 물었다. 그 말에 나는 씁쓸한 미소를 지을 수밖에 없었다.

결혼 전의 나는 잠시의 외출에도 화장과 옷에 매우 신경 썼다. 그런데 어느 순간부터 주위 시선 따위에는 전혀 관심이 없는 내가 되어 있었다. 말투 역시 변했다. 결혼 전의 부드러운 말투는 다 어디로 갔는지 아줌마 특유의 툭툭 대고 거침없는 말투가 시시때때로 튀어나왔다. 가족 챙기느라 나를 제대로 돌보지 못했기 때문이다.

엄마로서, 아내로서 가족을 위하는 것은 지극히 당연한 일이다. 문제는 그것이 절대 만만한 일이 아니라는 점이다. 자신의 삶을 포기해야 하기 때문이다. 하지만 그 역할을 충실히 해야 하는 것 또한 엄마로서, 아내로서의 의무이자 책임이다.

••• 삶이 힘들수록 자기 자신을 따뜻하게 위로하고 응원하자. 내가 행복하지 않은 삶은 나뿐만 아니라 가족에게도 불행한 일이다. 그런 점에서 가족도 소중하지만, 자기 본연의 삶 역시 절대 저버려선 안 된다. 책임감의 무게로 인해 자신의 삶을 저버리면 훗날 더 큰 불행과 만날 수 있기 때문이다. 아내의 삶, 엄마의 삶을 포기하라는 것이 아니다. 그것은 그것대로 하되, 여자로서의 삶 역시 즐기라는 것이다. 그렇게 해서 결혼 전처럼 예쁘게 꾸미고, 친구와 수다도 떨고, 달콤한 커피 한 잔을 즐기면서 영화도 보고, 잃어버린 감성을 되찾아야 한다. 그런 시간이 삶의 활력소가 되어 지치지 않는 행복한 일상을 선물한다.

07

CHAPTER 01

먼 길보다
가까운 길을 먼저 보라

살다 보면 이리저리 덜컹거릴 때가 있다. 삶의 무게에 짓눌린 나머지 쉽게 일어설 수 없을 때가 바로 그때다. 그런 때의 삶이란 고통스럽고 허망하기 그지없다. 그러다 보니 아무 의미 없이 시간을 보내며, '세상은 가진 자의 것이다. 나와는 아무 관계가 없다.'라며 자기를 비하하기도 한다. 그렇다면 과연 세상은 특별한 사람을 위해서만 존재하는 것일까? 절대 그렇지 않다.

많은 사람이 자신이 누려야 할 권리를 스스로 박탈하고 있다는 사실을 알지 못한다. 세상은 언제나 내 편이며, 내가 어떻게 생각하느냐에 따라 그 의미와 삶의 방향이 달라진다.

우리는 '내 눈으로 직접 보고 가져야만 행복하다.'라고 생각한다. 그 때문에 시종일관 다른 사람과 자신을 비교하며 스스로 불행에 빠지곤 한다. 축구경기로 치면 자책골을 넣는 셈이다. 사람 욕심은 끝이 없다. 그런 점에서 원하는 것을 가져야 하고, 남보다 하나라도 더 가져야만 행복하다면 죽을 때까지 행복과는 먼 삶을 살아야 한다. 그렇게 되면 평생 세상에 끌려다니는 삶을 살 수밖에 없다.

남편이 무척 아끼는 직장 동료 K가 있다. 몇 년 전 그가 위암 판정을 받자, 그의 부인은 남편을 위해 식단을 180도 바꾸었다. 또한, 자전거를 함께 타며 남편의 건강 회복을 위해 열심히 노력했다. 부인의 그런 헌신 덕분에 K는 완쾌에 가깝게 호전되었고, 지인들은 "이제 관리만 잘하면 되겠다."라며 그를 응원했다. 그런데 어느 날, 매우 충격적인 소식이 전해졌다. K의 부인이 자전거를 타다가 사고가 나서 뇌사 상태에 빠졌다는 것이었다. 나는 달려오는 차와 부딪쳤나 보다, 라고 생각했다. 하지만 사고 원인을 알고 경악했다. 마주 오던 자전거와 부딪쳤기 때문이다. 남편이 무척 아끼는 직원이었고, 그 부인 역시 가끔 김치며 반찬을 만들어주곤 해서 항상 고마운 마음을 갖고 있었기에 안타까움은 더욱 컸다. 더욱이 항상 활기차고 강한 모습으로 기억되는 분이었기에 그런 현실이 도저히 믿기지 않았다.

결국, K의 부인은 깨어나지 못한 채 삶을 마감했다. 모든 지인이 K만 걱정했지 단 한 명도 그의 부인이 어떻게 될 것으로 생각한 사람은 없었다. 그 때문에 이 일은 주변 사람들에게 큰 충격을 주었다. 나 역시 마찬가지였다. 가슴에 돌을 얹은 것처럼 마음이 무겁고 먹먹했다. 머릿속 역시 텅 빈 것처럼 모든 생각이 자취를 감추었다.

우리는 살면서 가족의 고마움을 잊고 산다. 언제까지나 그들이 우리와 함께하리라고 생각하기 때문이다. 그러다 보니 가족의 소중함에 앞서 남편이, 아내가 더 잘해주기만을 바라며, 내 아이가 다른 아이보다 더 나아야 한다는 욕심에 사로잡혀 정말 소중한 것이 무엇인지 생각조차 하지 않는다. 욕심이 현재를 만족하지 못하게 해 행복과 담을 쌓게 하는 것이다.

남편은 새벽 일찍 일어나면 내가 설거지해놓은 것을 다시 정리해서 싱크대 안에 넣곤 한다. 그럴 때마다 나는 "새벽에 왜 시끄럽게 해서 잠을 깨우느냐며, 더 자게 제발 조용히 좀 하라."며 남편을 타박한다. 내가 잘 알아서 하는데, 굳이 나서서 내 일에 손대는 것이 못마땅하기 때문이다. 한번은 외출하고 돌아오니 양말이며, 겉옷, 검은 옷, 흰옷, 속옷까지 모두 꼬깃꼬깃해져 건조대에 널려 있었다. 그걸 본 순간, 나는 폭발하고 말았다.

"왜 시키지도 않은 일을 해. 모두 구분해서 세탁해야 하고, 세탁이 끝나면 잘 털어서 널어야 하는데, 이렇게 해놓으면 어떻게 해?"

눈앞에 보이는 뜻밖의 현실과 그걸 모르고 일을 저지른 남편에게 진심으로 화가 났다.

남편은 조금이라도 내게 도움을 주고 싶은 마음이었을 것이다. 하지만 나는 일의 동기보다는 결과에만 집중해 남편을 타박하고 말았다.

가족이라는 편안함이 때로는 가족에게 상처를 주며, 그 소중함을 망각하게 한다. 서로 맞지 않는 부분에만 집중해서 장점을 장점으로 보지 못하고 단점으로만 보기 때문이다. 그러다 보니 가족을 위해 열심히 일하는 것 역시 당연하게 생각한다. 건강 역시 적신호가 켜지고 나서야 '아차, 내가 몸 관리를 잘못했구나. 진작 신경 쓸 것을.'이라며 후회한다. 그전에는 내 몸이 얼마나 소중한지 알지 못한다.

이렇듯 아무 생각 없이 당연하다고 생각하는 것이 우리에게 큰 행복을 주고 있음을 우리는 알지 못한다. 그러다 보니 눈에 보이는 물질만 좇으며, 자신과 다른 사람을 비교하고, 자신을 책망하며 행복을 밀어낸다.

••• 눈에 보이지 않는 파랑새를 찾기보다는 우리가 가진 것에 감사하고, 그 소중함을 알아야 한다. 나아가 그것이 우리를 더 행복하게 한다는 사실 역시 깨달을 필요 있다.

먼 길보다 가까운 길을 먼저 보라. 행복은 생각보다 가까이에 있다. 진정한 행복은 눈에 보이는 물질이 결정하는 것이 아니다. 생각과 마음이 어느 방향으로 향하고 있느냐가 진정한 행복을 결정한다. 예컨대, 나보다 힘든 사람들도 있다는 것을 알면, 지금의 내 삶이 얼마나 행복한지 비로소 알 수 있다.

행복은 절대 멀리 있지 않다. 우리 곁에서 언제나 맴돌고 있다. 단지 우리가 그것을 보지 못할 뿐이다. 소중한 가족이 곁에 있는 것이 얼마나 감사한 일인가. 새로운 오늘을 맞이할 수 있는 것이 얼마나 행복한 일인가.

희망이 있는 내일이 있다는 것이 얼마나 가슴 벅찬 일인가.

너무 먼 길을 보려고 하지 말고 가까운 길을 먼저 보라. 한 걸음씩 천천히 노력하다 보면 무슨 일이건 이룰 수 있고, 행복할 수 있다.

우리가 짊어진 가방 속에는 필요 없는 것이 더 많다.
그것이 우리를 행복하게 하면 그나마 다행이지만,
그것은 우리를 더 힘들고 불안하게 할 뿐이다.
그러니 가끔은 그 모든 걸 잠시 내려놓아도 괜찮다.

CHAPTER 02

길을 잃고 방황하는 나에게

실패를 절대 두려워하지 마라!
실패가 두려워서 다시 시도하지 않으면
삶 역시 거기서 멈추고 만다.

__ 닉 부이치치. 팔 · 다리 없이 전 세계를 누비는 희망 전도사

01

CHAPTER 02

많이 넘어질수록
쉽게 일어선다

행복은 과연 어디에 있을까. 행복은 어느 날 갑자기 오지 않는다. 간절히 원하는 사람만이 행복과 만날 수 있다. 문제는 그것이 쉽지 않다는 점이다. 누구나 행복해지기 위해서 열심히 노력하지만, 고난과 시련이 때때로 그것을 포기하게 하기 때문이다.

"고난은 더 행복해지기 위해서 오는 거야."라는 말이 있다. 하지만 이런 마음을 지속해서 갖기란 불가능하다. 열심히 노력한다고 해서 당장 눈앞에 행복이 나타나는 것이 아니기 때문이다.

우리는 하루에도 수없이 행복과 불행을 넘나든다. 중요한 것은 행복을 대하는 마음이다. 원하는 것을 이루며 행복할 수도 있지만, 변함없는 평범한 일상과 익숙한 환경에도 얼마든지 행복할 수도 있다.

행복을 위한 노력을 절대 멈추지 마라. 비록 고난과 시련이 우리를 가로막을지라도 마음의 여유를 가져야 한다. 마음의 여유는 주변을 돌아보게 하고, 지금까지 보지 못한 것들을 볼 수 있게 한다. 보지 못한 것들이 마음에 들어오는 순간, 우리 마음은 작지만 수많은 행복으로 넘친다. 가족, 아이의 미소, 평범한 일상 등과 같은 사소한 데서도 행복을 느낄 수 있기 때문이다. 비 오는 날의 풍경, 길가에 핀 꽃, 베란다 밖 풍경 등의 사소한 환경에서도 행복을 느낀다.

마음을 비우자. 욕심, 불평, 불만 등 그동안 우리를 힘들게 했던 모든 것을 버리고, 그 자리를 긍정의 마음으로 가득 채우자. 긍정의 마음은 고난과 시련을 견디게 하고, 삶에 희망을 품게 하며, 주변의 모든 것에 감사하는 마음을 갖게 한다. 그러면 그동안 볼 수 없었던 것이 보이고, 마음에 여유와 웃음이 넘치게 된다. 바로 행복을 느끼는 순간이다. 마음의 변화는 세상을 새롭게 보이게 한다.

마음이 긍정적으로 움직이기 시작하면, 행동 역시 행복을 위해 움직인다. 행복은 행복을 원하는 마음과 노력의 결과물이다. 마음은 행복을 끌어당기는 자석과도 같다. 비록 힘든 일이 수없이 일어나지만, 마음이 행복을 향하면 아무리 힘든 일도 얼마든지 극복하고 이겨낼 수 있기 때문이다. 나아가 그것을 극복하면 내면이 더 크고 단단하게 성장할 수 있을 뿐만 아니라 진정한 행복에 이를 수 있다.

고난과 시련, 실패를 모르는 사람은 진정한 행복을 알 수 없다. 고난과 시련, 실패는 부끄럽고 삶의 파탄에 이르는 과정이 아닌 더 나은 나를 만드는 과정이기 때문이다. 그러므로 그것을 인내하고 이겨낼 때 비로소 진정한 행복을 느낄 수 있다.

••• 다시 일어설 수 있다면 몇 번쯤 넘어져도 괜찮다. 많이 넘어진 사람일수록 쉽게 일어설 수 있다.

인간이 동물과 다른 점은 '생각하는 힘'을 갖고 있다는 것이다. 생각하는 힘이 세상에 미치는 영향력은 매우 크다. 상상할 수도 없는 일을 현실로 만들 수 있기 때문이다. 그것이 얼마나 대단한지는 주변 환경을 조금만 살펴봐도 알 수 있다.

행복을 원하는 마음과 노력은 행복을 우리 삶 속으로 끌어당긴다. 힘든 현실에 지쳐 의욕과 희망을 잃고, 환경에 순응하며, 어깨를 축 늘어뜨리고 살아가는 우리. 그런 우리에게는 내면의 힘이 있다.

내면의 힘은 요술 방망이와도 같다. 행복해지려면 그것을 적극적으로 움직이며 뒤가 아닌 앞을 향해 나아가야 한다. 소소한 일상 속에서 감사하는 마음으로 자신을 소중히 여기고, 행복은 언제나 우리 주변에 있다는 사실을 잊지 말자. 행복을 향한 여유와 노력은 우리를 절대 배신하지 않을 것이다.

더는 흘러간 시간, 상처에 얽매이지 마라. 누구도 시간을 되돌릴 순 없다. 현실을 있는 그대로 인정하고 미래를 향해 나아가는 사람이 되어야 한다.

스물일곱 번의 실패 후 쉰한 살에 미국 16대 대통령에 당선된 에이브

러햄 링컨은 이렇게 말한 바 있다.

"내가 걸어온 길은 참으로 미끄러웠다. 그 과정에서 수없이 넘어졌지만, 그때마다 나는 이렇게 말하곤 했다. '괜찮아, 그래도 낭떠러지는 아니잖아.' 나는 묵묵히 준비했고, 천천히 걸었다. 하지만 절대 뒤로는 가지는 않았다."

CHAPTER 02

생각은 행동을 바꾸고, 행동은 삶을 바꾼다

시련은 왜 오는 것일까. 시련에 부딪히면 앞을 보지 못하는 사람이 많다. 영원히 거기서 벗어나지 못할 것만 같은 두려움과 절망에 사로잡히기 때문이다. 나 역시 깊은 절망에 빠져 허우적거린 경험이 있다. 결혼 후 하루하루를 나 자신과 싸우며 힘들게 보내던 때 '나 자신이 없는 삶은 싫어.'라는 내 안의 외침이 나를 그 안에 가두었기 때문이다.

연년생 두 아이를 키우며, 가사를 돌보는 일은 정말 버거웠다. 그 때문에 남편의 도움이 절실했다. 퇴근 후 일찍 돌아와서 아이들과 놀아주고, 집안일도 도와줬으면 했다. 하지만 그런 바람과는 달리, 남편은 자기 생활에만 충실했다. 더욱이 가족보다는 동료 직원들을 더 챙기느라 바빴다. 그런 남편이 너무도 원망스러웠다.

그래서일까. 당시 내 얼굴에 생기라고는 전혀 없었다. 거울 속의 나는 화가 잔뜩 난 채 우울한 표정을 짓고 있기 일쑤였다. 그런 내 모습이 나 자신도 너무 싫었다. 힘든 현실을 탓하며, 모든 일에 불평불만을 일삼는 내 모습이 나를 더 힘든 삶 속에 가두었기 때문이다. 그러다가 아이들이 자라고, 마음의 여유가 조금씩 생기면서 이전과는 전혀 다른 남편의 모습이 눈에 들어왔다. 가정을 위해 열심히 일하는 남편의 모습이 비로소 제대로 보이기 시작한 것이다.

아이들이 유치원에 갈 즈음, 나는 이웃 아줌마들과의 수다로 아침을 시작했다. 아이들 얘기, 시댁 얘기, 남편 얘기 등 시시콜콜한 얘기로 하루를 보냈다. 하지만 거기에 나는 없었다. 나 자신이 없는 삶은 나를 너무도 힘들게 했다. '나는 도대체 어디에 있지. 언제까지 이런 삶을 살아야 할까.'라는 현실에 대한 불만이 끊임없이 나를 괴롭혔기 때문이다. 더 큰 문제는 그런 일상이 계속될 것만 같았다는 점이다.

변하고 싶었다, 달라지고 싶었다. 그러던 어느 날, 베란다 밖 초등학교 운동장을 바라볼 때였다. 한 줄기 희망이 머리를 스치고 지나갔다.

'초등학교 방과 후 선생님이라도 되면 얼마나 좋을까.'

당시 초등학교에 방과 후 수업이 처음 시행될 때였다. 과거의 나로부터 그만 벗어나고 싶었다. 새로운 삶에 관한 나의 갈망은 그만큼 컸다.

다음날 나는 난생처음 헬스장을 찾았다. 서먹하고 낯설었지만, 내가 있는 삶을 살아야겠다는 마음이 그것을 이기게 했다. 그렇게 해서 결혼 후 처음으로 오롯이 나만을 위한 시간을 갖게 되었다. 나를 위해 운동한다는 것이 너무도 행복했다.

헬스장에서는 다양한 수업을 하고 있었다. 그 중 벨리댄스가 눈길을 끌었다. 그리고 그것은 내 삶을 바꾸는 중요한 계기가 되었다.

수업에 참여하면서 어느 정도 재미를 느끼자 고급과정도 배우고 싶었다. 뜻한 바가 있었기 때문이다. 그래서 강사에게 이렇게 물었다.

"어디서 고급과정을 배울 수 있을까요?"

강사는 자기가 속한 지부의 강사반에 등록하면 된다고 했다. 나는 주저하지 않고 즉시 그곳을 찾아갔다. 지부장은 "자격증을 따면 휘트니센터 강사로 활동할 수 있다."라고 했지만, 나는 생각이 달랐다. 초등학교 방과 후 수업을 하고 싶었기 때문이다. 어디서 그런 용기가 생겼는지 모른다. 그리고 그것은 곧 현실이 되었다. 딸의 담임선생님 추천으로 초등학교 방과 후 수업을 하게 된 것이다. 선생님께 벨리댄스 얘기를 한 것이 결정적인 계기가 되었다.

그렇게 해서 나의 꿈은 현실이 되었다. 그때부터 육아와 가사에 지쳐 있던 나는 점점 변해갔다. 내가 원하는 일을 한다는 것이 꿈만 같았다. 내게 그런 기회가 왔다는 것이 도저히 믿기지 않았다. 주변에서도 달라진 나를 무척 부러워했다. 과거의 우울한 내 모습은 어느덧 자취를 감추고, 생기 넘치고 자신감 넘치는 내가 되어 있었기 때문이다.

●●● 생각은 행동을 바꾸고, 행동은 삶을 바꾼다. 고난과 시련은 예고 없이 우리를 찾아온다. 자초해서 고난과 시련을 만들기도 한다. 중요한

것은 그것을 통해 삶이 더욱 단단해지고 발전한다는 것이다.

삶은 산을 오르는 것과 비슷하다. 걷고 또 걷다 보면 무수히 많은 길이 나오며, 그러는 동안 우리는 수많은 고난과 시련에 부딪힌다. 열정과 끈기 없이는 절대 그것을 극복할 수 없다. 뜻을 세웠다면 그 어떤 상황에서도 과감하게 밀어붙여라. 그 무엇도 열정과 끈기를 대신할 순 없다. 열정과 끈기만 있다면 언젠가는 분명 자신이 원하는 삶과 만날 수 있다.

절망에서 한 줄기 희망을 찾자. 그것은 생각을 바꾸고, 행동을 바꾼다. 행동이 변하면 삶이 바뀐다.

03

CHAPTER 02

경험보다 좋은 스승은 없다

우리는 살면서 수많은 경험을 한다. 좋은 경험은 오랫동안 기억하고 싶지만, 좋지 않은 경험은 기억 속에서 깨끗이 지우고 싶다. 하지만 그것은 우리의 바람일 뿐. 좋은 경험에 관한 기억은 금방 잊히고, 나쁜 기억은 후회와 함께 끊임없이 우리를 괴롭힌다. 그러다 보니 의도와는 전혀 다른 길을 가야 할 때도 잦다. 하지만 그것이 뜻밖의 행운을 가져오기도 한다.

'나는 내가 원하는 삶을 살며, 내가 정말 하고 싶은 일을 하고 싶어.'

결혼 전 내 마음에는 이런 열망이 가득했다. 하지만 결혼과 함께 전혀 의도하지 않은 길을 걸어야 했다. '이것은 내가 원하는 게 아니잖아.'라며 아무리 마음속으로 외쳐도 직진해야만 하는 일방통행 길이었다.

나와 전혀 다른 환경에서 산 사람과 함께하기란 절대 쉽지 않다. 톱니

바퀴처럼 서로 잘 맞추어 굴러가려면 배려와 많은 노력이 뒷받침되어야 한다. 문제는 대부분 상대가 내게 맞추어 변하기를 원한다는 것이다. 하지만 이는 서로를 더 힘든 환경으로 몰고 가는 지름길이다. 정작 자신은 변하지 않으면서 상대에게만 변하기를 바라기 때문이다.

나 역시 마찬가지였다. 서로 자기 자신만 생각했기에 사소한 것에도 부딪히기 일쑤였다. 다행히 세월이 흐르면서 서로가 잘사는 방법을 찾기 시작했고, 상대에 대한 배려와 이해가 있어야만 더 나은 관계로 발전할 수 있다는 사실을 절실히 느끼게 되었다. 그 결과, 지금은 물러서야 할 때와 맞서야 할 때를 잘 구분한다. 화를 내야 할 때와 참아야 할 때 역시 마찬가지다. 경험이 그것을 가르쳐주었다.

살다 보면 수많은 길과 마주한다. 그 길에서 우리는 다양한 경험을 한다. 마음속에 열망이 가득했던 나는 원하는 희망을 머릿속에 항상 되뇌었다. 그리고 그 희망이 현실과 마주하는 일은 놀라운 경험의 연속이다.

초등학교 방과 후 수업을 시작한 지 6년째 되던 해, 내 안에서 또 다른 목소리가 울려 퍼졌다. 그 소리가 점점 커지자, 나는 주위의 반대에도 불구하고, 방과 후 수업을 과감하게 그만두었다. 마음이 원하는 새로운 일을 찾고 싶다는 생각이 나를 그 자리에 가만히 내버려 두지 않았기 때문이다.

어느 날, 향수 위탁 사업을 할 사업주를 모집한다는 TV 광고를 보았다. 놀라운 것은 나도 모르게 화면 속에 나오는 전화번호를 누르고 있었다는 것이다. 천만 원만 투자하면 향수 위탁을 할 수 있는 곳을 찾아준다고 했다. 나는 향수가 떨어지면 리필하고 판매한 것에 대한 수익만 계산하면 되었다. 그럴듯한 광고에 마음이 그만 혹했다.

하지만 얼마 후 알게 된 실상은 내 생각과 너무도 달랐다. 저렴한 고급 리필 향수라는 아이템만 좋을 뿐 고객층에 관해서는 전혀 고려하지 않았기 때문이다. 리필 향수의 주 고객은 중 · 고생이었다. 문제는 그들에게 향수는 필수품이 아니라는 것이다. 결국, 천만 원이라는 원금을 고스란히 날리고 말았다. 마음만 앞섰을 뿐 아무런 계획과 준비 없이 성급하게 일한 대가였다.

이후 내가 관심을 가진 것은 옷이었다. 남동생이 옷 관련 사업을 하고 있어서 더욱더 관심이 갔다. 그래서 일 년 동안 학원에 다니며 나름대로 열심히 공부했지만, 옷만 좋아했지 직접 만드는 것은 좋아하지 않는다는 사실을 곧 알게 되었다. 맞지 않는 일을 억지로 할 수는 없었다. 그래서 쇼핑몰은 괜찮지 않을까, 라는 생각에 웹 디자인을 배우며 필기시험까지 합격했지만, 컴퓨터 앞에 앉아 여러 가지 일을 동시에 해야 한다는 게 여간 부담스럽지 않았다. 그 역시 내가 원하는 일은 아니었다. 원하는 일을 정말 즐겁게 할 수 있는 일을 찾고 싶었다.

하지만 향수 위탁 사업 실패를 통해 일을 쉽게 저지르면 안 된다는 사실을 뼈저리게 느낀 터라 신중하게 생각해야 했다. '해야겠다.'라고 마음먹으면 앞뒤 생각하지 않고 저지르는 내게 있어 그 일은 좋은 교훈이 되었다.

좋아하는 일을 찾는 것은 내가 정말 원하는 게 무엇인지 알게 해주었다. '어떤 일이 나를 행복하게 할까.'라는 생각을 통해 나 자신을 제대로 알 수 있었기 때문이다.

- 나는 외향적인 성격이 아니다.
- 나는 여러 사람과 어울리기보다는 혼자만의 시간을 즐기며, 감성을 중요시한다.
- 나는 창의력이 필요한 일을 원한다.

이런 나를 충족할 수 있는 일을 찾아야 했다. 그 결과, 찾은 것이 꽃꽂이였다. 특히 창의력을 발휘할 수 있다는 점에서 무척 매력적인 일이었다. 또한, 평생교육원 시문학 과정을 수강하면서 글쓰기에도 관심을 두게 되었다. 언젠가는 나의 책을 꼭 쓰고 싶었기 때문이다.

이렇듯 살면서 겪은 수많은 경험은 나다운 나를 발견하는 시간이었다. 비록 눈에 띄는 큰 성과를 내진 못 했지만, 내가 가야 하는 방향을 가르쳐주었기 때문이다.

••• 다른 것은 다 꾸미고 가릴 수 있지만, 경험에서 나오는 지혜만은 절대 속일 수 없다. 그만큼 경험은 우리를 더 성숙하게 하고, 한 단계 업그레이드시킨다. 그런 점에서 세상을 사는 법을 가르쳐주는 스승과도 같다. 예컨대, 사람들과 부딪히면서 얻은 경험은 사람을 분별하는 안목

을 갖게 하며, 갑자기 닥쳐온 시련은 우리를 강하게 만든다. 또한, 아이들 일로 힘들었던 경험은 아낌없이 주는 사랑이 무엇인지 가르쳐주고, 남편과 맞지 않아서 힘들었던 경험은 배려와 이해심을 가르쳐준다. 그만큼 경험은 우리를 성장시키며, 진정한 나를 찾게 한다.

04

CHAPTER 02

도전 없이는 아무것도 바뀌지 않는다

"엄마 나 자퇴할래."

몇 년 전, 딸의 느닷없는 말이 나를 깜짝 놀라게 했다. '어떻게 해서 들어간 대학인데.'라는 생각과 함께 지난날이 파노라마처럼 머리를 스쳐 지나갔다.

초등학교 시절 딸은 자기 할 일을 스스로 알아서 잘하는 모범생이었다. 하지만 중학교에 진학한 후 돌변했다. '아이돌'에 열광하며 노래와 댄스를 즐기는 친구들과 어울린 것이 그 시작이었다.

"엄마, 나 아이돌이 되고 싶어. 노래랑 댄스 배우게 해줘."

딸은 시도 때도 없이 아이돌 타령을 하며 보컬 아카데미에 다니고 싶다고 했다. 하지만 나는 그것을 애써 무시했다. 조금이라도 관심을 가지면 그 길만 바라볼 것 같았기 때문이다. 그때부터 모녀 사이의 긴 싸움이 시작되었다. 서로 자기 의견을 조금도 굽히지 않았기 때문이다. 그러던 어느 날, 갑자기 이런 생각이 들었다.

'내가 딸의 인생을 방해하는 건 아닐까?'

무엇보다도 나의 편협한 생각으로 인해 딸이 원하는 길이 아닌 다른 길을 간다면, 딸이 평생 후회할지도 모른다는 생각이 정신을 번쩍 들게 했다.

"좋아, 네가 정말 노래가 하고 싶다면 성악을 배워보는 게 어때? 그러면 네가 좋아하는 뮤지컬 배우도 될 수 있잖아. 엄마가 성악 선생님 알아볼게."

그렇게 해서 딸은 성악을 배우며, 아이돌이 아닌 뮤지컬 배우를 꿈꾸기 시작했다. 하지만 그 역시 그리 탐탁하지 않았다. 딸이 원하는 것을 할 수 있게 밀어주자고 생각했지만, 뮤지컬 배우라는 직업의 미래가 불안정하다는 고정관념이 있었기 때문이다. 그러다 보니 취미로만 성악과 피아노를 배웠으면 했다. 하지만 그건 나만의 착각이었다.

고등학교 진학을 앞둔 어느 날, 딸은 예고 뮤지컬 학과에 진학하겠다고 선언했다. 학교도 지방이 아닌 서울을 고집했다. 남편과 나는 극렬히 반대했지만, 딸의 강한 열정에 또다시 굴복할 수밖에 없었다. 단, 한 가지 조건을 제시했다. '예고 입시에서 떨어지면 인문계 고등학교에 진학해서 열심히 공부한다.'라는 내용이었다.

그때부터 딸은 예고 입시를 본격적으로 준비하며 대구의 연기학원을 바쁘게 오갔다. 문제는 시간이 절대적으로 부족하다는 것이었다. 결국,

딸은 '슈퍼스타K'로 명성을 얻은 예고에 도전했지만, 실기시험에서 떨어지고 말았다. 비록 몇 달 동안 자신의 꿈을 이루기 위해 열심히 노력한 것이 안타깝기는 했지만, 한편으로는 다행이라는 생각이 들었다. 겉으로는 딸을 밀어주었지만, 속으로는 내심 입시에서 떨어졌으면 했기 때문이다.

그 후 딸은 인문계 고등학교에 진학해서 열심히 공부하며 엄마 아빠와의 약속을 지켰다. 하지만 아이돌의 꿈을 완전히 포기한 것은 아니었다. 나는 그건 정말 아니라며 완강하게 반대했지만, 들은 척도 하지 않았다. 수많은 고민 끝에 나는 이번에도 딸을 믿어보기로 했다.

"그렇다면 미술을 해보는 건 어떻겠니?"

사실 딸은 미술에 재능이 뛰어나 대회에서 꽤 많은 상을 탔다. 그러다 보니 미술 선생님 역시 미술 쪽으로 나가길 적극적으로 추천했다. 결국, 딸은 예고 입시에서 떨어진 경험으로 인해 더는 자기주장을 강력하게 내세우지 못한 채 미술을 택했다. 그리고 그때부터 명문대 진학을 목표로 공부와 미술을 열심히 병행하며 최선을 다했다. 하지만 얼굴이 전혀 밝지 않았다. 억지로 뭔가를 하는 듯한 느낌이었다. 그 때문에 학원을 몇 번이나 옮겨야 했고, 학원만 가려고 하면 두통을 호소했다.

고등학교 2학년이 된 어느 날, 딸이 울면서 말했다.

"엄마, 미술은 나와 정말 안 맞는 것 같아. 그림 그리고 앉아 있는 것이 너무 고통스러워. 아직 마음속에 아이돌이라는 꿈이 있기 때문이야."

'자식 이기는 부모 없다.'라는 말이 새삼 가슴에 와 닿았다.

그 후 딸은 '아이돌만은 절대 안 된다.'라는 나의 강력한 반대에 부딪혀 다시 뮤지컬 쪽으로 진로를 바꾸었고, 매일 대구의 연기학원을 오갔다. 힘들 법도 했지만, 딸은 전혀 내색하지 않았다. 고3 여름방학에는 서울에 방을 얻어 꽤 유명한 뮤지컬 학원에 다니기도 했다. 그런 모습을 보며 좋은 결과를 바랐지만, 끝내 물거품이 되고 말았다.

딸은 대구에 있는 학원에 다닐 때는 몰랐는데, 서울 학원에서 같이 수업하는 또래 아이들을 보고 '내가 과연 이 자리에 서는 게 맞는 것일까?'라는 생각을 했다고 한다. 아이들이 연기에 몰입하는 것을 보며 자신을 다시 한 번 되돌아본 것이다. 그러면서 이곳은 자신이 원하는 곳이 아님을 절실히 느꼈다고 했다. 그 아이들의 열정을 도저히 따라갈 수 없었기 때문이다. 결국, 딸은 아이돌의 꿈을 마음속에 간직한 채 뮤지컬 가수의 꿈을 포기했다. 다행히 예체능을 하면서도 내신에 크게 신경 쓴 터라 어렵지 않게 일반대학에 합격할 수 있었다. 누구보다도 남편이 그것을 진심으로 기뻐했다. 처음부터 예체능 쪽으로 진학하는 것을 원치 않았기 때문이다. 나 역시 오히려 잘되었다고 생각했다. 하지만 그 또한 나의 욕심이었다. 얼마 후 딸이 자퇴를 선언했기 때문이다. 그러면서 이렇게 말했다.

"꿈을 포기하고 들어간 대학에 다니는 게 인생을 위해서도 좋지 않다는 생각이 들어. 그러니 지금부터라도 내가 원하는 길을 갈 테야."

딸이 쉽고 편한 길을 가길 원했던 나 역시 힘들었는데, 딸은 얼마나 힘들었을지 생각하니 눈물이 났다. 딸이 지나온 길을 생각하면 안쓰럽기 그지없다. 자신의 길을 찾기 위해 부모와 끊임없이 부딪히고, 설득하며, 자신과 싸우던 날의 연속이었기 때문이다. 남들은 부모가 너무 끌려다니는 게 아닌가? 라며 걱정했지만, 내 생각은 달랐다. 단지 부모라는 이유만으로 아이의 선택을 강요해선 안 되기 때문이다. 그것은 아이의 삶을 방해하는 것에 지나지 않는다.

딸의 도전은 지금도 여전히 진행 중이다. 현재 딸은 가슴속에 자신의 꿈을 간직한 채 클래식 작곡 공부를 하고 있다. 딸의 용기 있는 도전에 박수를 보내고 싶다.

••• 도전하고, 도전하고, 또 도전하라. 도전 없이는 무엇도 바뀌지 않는다. 도전은 가장 위대한 열정이다. 물론 실패할 수도 있다. 하지만 이 사실을 명심해야 한다. 우리가 기적이라고 부르는 것들 대부분은 끊임없는 도전과 실패가 만든 합작품이란 걸. 실패가 두려워서 다시 시도하지 않는다면 두 번 다시 일어날 수 없다. 그러나 실패를 뛰어넘어 다시 시도한다면 그것은 끝이 아니라 새로운 시작이 된다.

전 세계 수많은 사람에게 재미와 감동을 선사한《해리포터》시리즈의 저자 조앤 K. 롤링은 하버드대학 졸업식에서 이렇게 말한 바 있다.

"실패는 누구나 두려워하는 일입니다. 하지만 실패가 두려워서 아무것도 하지 않는다면 시작하기도 전에 패배한 것이나 다름없습니다. 세상을 바꾸는 데 마법은 필요하지 않습니다. 그 힘은 우리 안에 이미 존재하고 있으니까요. … (중략) … 제가 시련에 부딪혔을 때 가지고 있던 것이라곤 아이디어와 낡은 타자기뿐이었습니다. 비록 몸은 힘들었지만, 저는 정신력으로 굳게 버텼습니다. 세상에 실패를 피해갈 사람은 아무도 없습니다. 그 귀중한 경험을 피하려고 하지 마세요."

05

CHAPTER 02

더는
과거의 상처와 싸우지 마라

과거의 불행에 집착하다 보면 현재를 잃게 된다. 과거에 얽매인 나머지 한 발짝도 앞으로 나아갈 수 없기 때문이다. 문제는 그것이 본인뿐만 아니라 다른 사람에게까지 영향을 미친다는 것이다. 그럴 때는 차라리 더 큰 일이 일어나는 것을 막기 위해 액땜했다고 생각하는 것이 좋다. 그렇게 해서 불편한 마음에서 한시라도 빨리 벗어나야 한다.

흘러간 시간은 누구도 잡을 수 없다. 앞을 봐야 한다. 절대 뒤에 집착해서는 안 된다. 뒤를 보는 것은 과거에 매달리는 것이다. 그렇게 하면 현재는 물론 미래도 잃을 수 있다.

갑자기 닥친 불행은 삶의 목적을 잃게 한다. 중요한 것은 그러는 동안에도 시간은 계속 흐른다는 것이다. 소중한 시간을 불행으로 물들이며, 삶에 어두운 그림자를 드리워선 안 된다. 그런데도 지난 일이 자꾸 생각난다면 이렇게 생각하라.

'과연, 그 일에 집착하는 게 삶에 얼마나 도움이 될까?'

유럽 여행!

몇 년 전 가족과 서유럽 여행을 떠나기로 한 날, 나는 주체할 수 없는 기분을 느꼈다. 버킷리스트 중 하나로 생각했던 유럽 여행을 비로소 떠나게 되었기 때문이다. 그렇게 해서 유럽에 대한 기대와 함께 첫 여행지 영국에 도착했다. 사람들의 자유분방한 모습이 가장 먼저 시선을 붙잡았다. 그들은 유행보다 각자의 개성을 더 소중히 생각하는 듯했다. 남을 의식하지 않는 패션이 보기 좋았고, 붉은 벽돌로 만들어진 멋진 건물들이 흐린 날씨와 묘한 조화를 이루며 고풍스러운 멋을 뽐냈다. 그걸 바라보자니 남은 일정에 대한 흥분 역시 감출 수 없었다. 하지만 여행의 즐거움을 만끽하기도 전에 큰 사건이 일어나고 말았다.

프랑스 루브르 박물관을 관람할 때였다. 책이나 영화에서나 보던 유명 작가들의 작품에 넋이 나가 한 작품 한 작품을 유심히 살피던 중 밀로의 '비너스'를 볼 때였다. 갑자기 남편의 얼굴이 창백하게 변했다. 여행 경비를 소매치기당했기 때문이다. 분명히 박물관에 들어가기 전에 가이드가 집시들을 조심하라고 주의를 줬는데도 전혀 신경 쓰지 않은 것이다. 남편은 가이드에게 어떤 방법을 동원해서라도 돈을 찾아 달라고 했지만, 수많은 인파 속에서 그걸 찾기란 불가능에 가까웠다. 남편의 얼굴은 웃음기 대신 근심으로 가득했다. "어차피 지나간 일이니 잊어버리자."라는 말도 들리지 않는 듯했다. 무엇보다도 적지 않은 경비와 시간을 내서 온 여행을 망치고 싶지 않았다. 더욱이 나의 버킷리스트 중 하나가 이루어진 순간이 아니던가. 그런 남편을 향해 나는 이렇게 말했다.

"엎질러진 물을 주워담을 수는 없잖아요. 지나간 일은 다 잊고, 우리 여행에 집중해요."

하지만 남편은 끝까지 미련을 떨치지 못했다. 결국, 나 역시 얼굴에서 웃음기가 싹 사라졌다. 그토록 기대했던 여행이건만, 여행의 기쁨은 온데간데없이 우울함이 가득했다. 돌이킬 수 없는 지나간 일에 집착하며 현재를 보지 않는 남편을 도저히 이해할 수 없었다.

그런 탓이었을까. 독일에서 노이슈반스타인 성을 둘러보고 내려오던 중 우리는 그만 길을 잘못 들고 말았다. 갈수록 깊어지는 산길이었다. 한참을 가다가 길을 잘못 들어섰음을 알고 급히 돌아갔지만, 가이드와 만나기로 한 약속 시각까지는 얼마 남지 않았었다. 그 순간, 갑자기 불안감이 몰려왔다. 그때부터 약속 장소까지 쉬지 않고 달렸지만, 결국 약속 시각을 넘기고 말았다. 문제는 그로 인해 다른 사람들에게까지 피해를 준 것이다.

그제야 남편 역시 지난 일에 대한 집착이 가족은 물론 다른 사람들에게까지 피해를 준다는 사실을 깨달은 듯했다.

"아빠, 잃어버린 돈은 불쌍한 사람 도와줬다고 생각해요."

아들의 말에 남편이 달라지자 불편했던 내 마음 역시 다시 바뀌었다. 그러자 모든 것이 제대로 보이기 시작했고, 여행이 주는 행복 역시 다시 만끽할 수 있었다.

●●● 더는 과거의 상처와 싸우지 마라. 불행한 과거에 집착하는 대신 현재에 집중하고, 과거에 지배당하는 삶이 아닌 내일이 이끄는 삶을 살아야 한다.

우리는 살면서 과거와 현재에 지나치게 얽매인 나머지 미래를 생각할 여유를 조금도 갖지 않는다. 하지만 우리 삶은 지금이 끝이 아니다. 과거와 현재 때문에 미래까지 망쳐선 안 된다. 지금의 고난과 시련은 얼마든지 극복할 수 있다.

더 나은 삶을 위해 멀리 바라보며 고난 및 시련과 헤어지는 연습을 하자. 그래야만 과거의 나에게서 완전히 벗어날 수 있다. 삶은 생각대로 이루어진다. 시련 속에서 생각의 방향을 어디에 두느냐에 따라 우리 삶은 달라진다.

06

CHAPTER 02

삶은 속도가 아닌 방향이다

우리 가족은 여행을 자주 다녔다. 남편이 가족과 함께하는 추억을 소중하게 생각했기 때문이다. 아이들에게 많은 경험을 쌓게 해주고 싶은 나의 바람 역시 한몫했다. 하지만 처음부터 그런 것은 아니다.

결혼 후 바로 아이를 가진 나는 움직이는 것을 꺼려했다. 남편은 그런 나를 데리고 주말마다 1박 2일 코스로 여행을 떠났다. 문제는 떠나기 전에 준비해야 할 것이 너무 많다는 점이다. 집안일 역시 모두 끝내 놓아야 했다. 여행을 다녀왔을 때 집이 깔끔하지 않으면 더 피곤해지기 때문이다. 남편 마음을 모르는 바 아니었지만, 내 몸이 힘들었기에 기분 좋게 여행을 떠나는 경우는 거의 없었다. 특히 연년생으로 아이를 낳은 뒤로는 더욱더 그랬다. 남편은 운전만 하면 되었지만, 나는 아이들 우유 먹이랴, 기저귀 바꾸랴, 울면 달래랴, 이만저만 일이 많은 게 아니었다. 그러다 보니 목적지에 도착하기도 전에 지치곤 했다. 그러니 남편을 향한 눈길이나 말이 부드러울 리 없었다. 연신 투덜대는 나를 뒤로하고, 남편은 큰아이는 목말을 태우고, 작은 아이는 등에 업은 채 힘든 내색 한번 없이 여행지를 둘러보며 뿌듯해 했다. 반면, 나는 여행의 즐거움은 물론 잠시의 여유조차 느낄 수 없었다. 이렇게 힘든 여행을 굳이 계속해야 하는지 의문이 들 정도였다. 하지만 아이들이 걷기 시작하고, 조금씩 재롱을 피우게 되자 생각이 바뀌었다. 비록 준비과정은 힘들지만, 여행이 주는 여유와 즐거움을 비로소 느낄 수 있었기 때문이다. 무엇보다도 집안일에서 벗어나 어딘가로 떠날 수 있다는 게 정말 좋았다.

남편과 나는 성격은 잘 맞지 않지만, 가족 여행에 들이는 비용만큼은 아끼지 않는 공통점이 있었다. 적어도 그 부분에서만은 의견이 일치했다. 그만큼 가족을 소중히 생각했다.

우리는 여름휴가 시즌이면 항상 해외여행을 떠나곤 했다. 절대 돈이 풍족해서가 아니었다. 여행을 통해 행복한 추억을 만들고, 삶의 활력소를 찾기 위해서였다.

어느 해 가을, 안동 하회탈축제가 열리는 민속촌 내 고택에서 하룻밤을 보낸 적이 있다. 고풍스러운 한옥에서의 하룻밤은 매우 특별했다. 도시에서는 절대 느낄 수 없는 감성을 느꼈기 때문이다. 부뚜막에 땔감을 넣어 불을 지필 때 나는 냄새, 볏짚 태우는 냄새, 들녘의 갈대가 햇빛을 받아 반짝이는 모습은 일상에 지친 마음을 살며시 보듬어주고 위로하기에 충분했다.

나는 잎 떨어진 감나무를 무척 좋아한다. 비록 잎은 다 떨어지고 없지만, 가지에 매달린 감을 보면 가슴이 설렌다. 그래서 사계절 중 가을을 가장 좋아하고, 항상 가을이 오기를 기다린다. 잎 떨어진 감나무에 빨갛게 달린 감이 그립기 때문이다. 그 풍경을 보면 설렘과 함께 새로운 희망이 부풀어 오른다.

보성 녹차 밭 역시 우리 가족이 좋아하는 여행지 중 하나다. 특히 입구 너머로 펼쳐지는 삼나무 숲이 매우 이국적인 대한다원을 우리는 즐겨 찾았다. 광고와 영화 배경으로 많이 나왔던 곳으로 광활하게 펼쳐진 녹차 밭을 보면 가슴이 뻥 뚫리는 기분이기 때문이다.

••• 삶은 속도가 아니라 방향이다. 삶은 몇 살까지 반드시 뭘 해야 하고, 어디에 도착해야 하는 숙제가 아니다. 또 다른 사람들과 똑같이 맞춰 살아야 하는 것도 아니다. 그런데도 우리는 천천히 옳은 방향으로 나아가기보다 빨리 어딘가에 도착하기만을 바란다. 중요한 건 속도가 아니라 방향이다. 즉, 자신이 목표로 하는 삶을 향해 올바로 나아가고 있느냐는 것이다.

삶은 표지판 없는, 낯선 길을 걷는 것과도 같다. 가끔은 생각지도 못한 벽에 가로막히기도 하고, 장애물이 나타나 걸려 넘어지기도 하며, 생각지도 못한 일로 상처받기도 한다. 누구나 실수를 하고, 실패를 경험하며, 시행착오를 겪는다. 그럴 때마다 우리가 해야 할 일은 다시 일어나 목표를 향해 달리는 것이지, 삶에 쫓긴 나머지 제 페이스를 잃고 흔들리며 방황하는 것이 아니다. 따라서 방향만 분명하다면, 힘들 때 잠시 멈춰 쉬었다 가도 좋다.

자신이 원하는 삶을 향해 앞으로 나아가려면 가끔 자신을 돌아보고, 잠시 멈춰 가는 지혜가 필요하다. 무엇에 가치를 두느냐는 개인마다 다르지만, '우리는 매우 소중한 존재'라는 생각만큼은 적어도 일치한다. 자신을 소중하게 생각한다면 무조건 전진만 강요해선 안 된다. 그것은 진정한 나로 살기 힘들게 할 뿐만 아니라 삶에 지쳐 마음을 병들게 할 수도 있기 때문이다.

제 역할을 하느라 최선을 다하는 자신이 지치지 않게 자신을 배려해야 한다. 내가 나를 배려하지 않으면 누구도 나를 알아주지 않기 때문이다. 힘든 것을 참는 것만이 능사가 아니다. 가끔은 그것을 표현하고, 지친 자신을 따뜻하게 다독이며, 멈춤의 시간을 가져야 한다. 나를 돌아보고, 지친 나를 위로하는 것만으로도 힘든 일상을 헤쳐나가는 데 큰 힘이 된다. 가끔은 전력 질주를 멈춰라. 그러면 바쁘게 사느라 보지 못한 것들을 비로소 볼 수 있다. 나아가 생각지도 못한 삶의 새로운 대안이 번개처럼 뇌리를 스치고 지나갈 뿐만 아니라 세상을 좀 더 아름다운 눈으로 볼 수 있다. 자신을 사랑하는 마음이 생기게도 한다. 인생을 너무 어렵게 살지 말자. 힘들면 쉬었다 가자.

많은 이들에게 용기와 지혜, 고요의 시간을 선물한 혜민 스님은 이렇게 말한 바 있다.

"삶은 속도가 아니라 방향이란 말이 맞습니다. 방향을 잘 잡으려면 잠시 멈춰서 스스로 물어야 합니다. 다른 사람이 알려주는 답보다 내면에서 나온 답을 스스로 찾으세요. 간절하면 내가 뭘 원하는지 보여요."

07

CHAPTER 02

Carpe Diem!
오늘을 즐겨라

차창 밖으로 잘 익은 황금빛 벼가 예쁜 자태를 뽐내며 넘실거린다. 드문드문 감나무도 보인다. 코스모스도 활짝 웃고 있다. 내가 가장 좋아하는 계절 가을이다.

버스가 휴게소에 들릴 때면 나는 커피 한 잔의 여유를 꼭 즐긴다. 달콤한 커피를 마시며, 이어폰을 귀에 꽂고 좋아하는 음악을 듣다 보면 세상 무엇과도 바꿀 수 없는 행복을 느끼기 때문이다. 그때만큼은 모든 것이 감사하고 아름답게 보인다.

딸이 대학입시를 준비할 무렵, 일주일에 한 번은 버스를 타고 서울에 다녀오곤 했다. 지인들은 "KTX가 더 편하지 않아? 너무 힘들게 다니면 병난다."라며 나를 걱정하곤 했지만, 나는 버스가 주는 여유로움이 훨씬 좋았다. 좋아하는 음악을 듣고, 읽고 싶던 책을 읽으며, 나만의 작은 행복을 누릴 수 있었기 때문이다.

행복은 욕심을 버릴 때 비로소 찾아온다. 그래서일까. 사는 것에 급급한 나머지 세상이 우리에게 주는 행복을 알아차리지 못할 때가 많다. 정신없이 하루를 살기 바쁘기 때문이다. 심지어 옆에 있는 사람을 바라볼 여유조차 없다. 그러다 보니 삶에 쉽게 지치는 것은 물론 현재의 삶에 만족하지도 못한다.

욕심은 끝이 없는 법이다. 그 덕분에 행복을 느끼는 마음의 여유가 없다면 원하는 것을 얻어도 행복과는 거리가 먼 삶을 살게 된다.

"엄마, 나 학교 선택을 잘못했나 봐."

어느 날, 아들이 느닷없는 말을 꺼냈다.

"왜? 네가 열심히 공부하겠다며 선택한 학교잖아."

아들은 자유분방한 성격에 스스로 이해해야만 잘못을 인정할 만큼 자존심이 강하다. 그런 아들이 선택한 학교는 규율이 강하기로 유명한 곳이었다. 그러다 보니 얼마 지나지 않아 제 성격과 맞지 않는다며 매우 힘들어했고, 이내 놀기 좋아하는 친구들과 어울리기 시작했다. 고등학교 입학 전, 공부를 열심히 하겠다는 마음가짐은 전혀 찾아볼 수 없었다.

그런 아들을 보고 있으면, 아들의 장래가 암담하기 그지없었다. 그래서일까. 담임선생님과 면담이 있을 때면 나도 모르게 고개가 숙어지곤 했다. 죄송한 마음부터 들었기 때문이다. 그때마다 나는 선생님께 다음과 같이 말했다.

"제 아들이 많이 부족하지만, 잘 부탁합니다."

그런데도 마음이 무겁기는 마찬가지였다. 도무지 아들이 반성할 기미를 보이지 않았기 때문이다.

"이제 정신 차려야지? 한 번뿐인 인생을 이렇게 허비해서야 되겠니?"

"내 인생은 내가 알아서 할 테니, 걱정하지 마세요."

아들을 바라보는 나의 안타까움과 아들이 180도 달라지기를 바라는 마음은 아들의 행동 하나하나에 더 민감해져 갔다. 아들의 삶에 내 욕심이 더해졌기 때문이다. 그러나 남편은 달랐다. 아들이 건강한 것만으로도 얼마나 고마운 일이냐며, 아들을 믿어보자고 했다.

욕심은 어두운 현실을 더 어둡게 만든다. 나는 아들을 현실의 잣대만으로 판단하며, 사회가 요구하는 사람이 되길 강요했다. 아들의 속마음이 어떤지는 관심도 두지 않은 채 보통사람 범주에서 조금이라도 벗어나면 '잘못되어 가고 있다.'라며 보통사람의 틀 속에 억지로 끼워 맞추려고 했다. 아들의 미래를 멋대로 판단하고 결론지은 것이다. 아들의 미래가 어떻게 펼쳐질지 알지도 못하면서 말이다.

그러던 어느 날, 이런 생각이 들었다.

'실수와 실패가 사는 데 매우 중요한 가르침이 되고, 사람을 크게 성장시킨다는 사실을 알면서도, 내 자식만은 실수와 실패가 없는 삶을 살기를 바라는 나의 모순이 아들의 삶에 족쇄가 되진 않았을까?'

그러자 그동안 보이지 않았던 아들의 장점이 하나둘 보이기 시작했다. 아들 역시 엄마가 자신을 믿어준다는 생각에 그때부터 스스럼없이 고민을 얘기하기 시작했다.

'Carpe Diem'이라는 말이 있다. 로마의 시인 호라티우스의 〈송시〉에 나오는 말로 '오늘을 즐겨라!'라는 뜻의 라틴어다. 영화《죽은 시인의 사회》에서 키팅 선생이 학생들에게 자주 외치며 유명해진 말이기도 하다. 영화에서 키팅 선생은 학창시절의 꿈과 낭만을 포기한 채 대학 진학을 위해 규격화된 일상을 되풀이하고 있는 '범생이' 아이들에게 자신만의 삶을 살 것을 강조한다. 문제는 지금도 그와 같은 일이 여전히 반복되고 있다는 것이다.

현재 우리 사회는 쉼 없이 달리는 것만을 강요하고 있다. 낙오되지 않으려면 무조건 앞만 보고 달려야 한다는 것이다. 그러다 보니 잠시의 여유조차 갖기 힘들다.

우리는 누구나 행복해지기를 원한다. 그래서 너나 할 것 없이 열심히 일한다. 성공하면 행복도 저절로 따라온다고 생각하기 때문이다. 하지만 보이지 않는 행복을 좇아 정신없이 달리다 보면 오늘을 잊게 된다. 'Carpe Diem'은 그런 사람들을 위한 말이다.

행복도 노력하지 않으면 안 된다. 현재에 충실하되, 오늘 역시 행복해야 한다. 그렇다고 해서 쾌락을 즐기라는 것은 아니다. 책임을 다하되, 절제가 밑바탕이 되어야 한다. 또한, 현재를 즐기되, 자신에게 주어진 시간을 소중히 생각해야 한다.

프랑스 소설가 베르나르 베르베르는 이와 관련해서 이렇게 말한 바 있다.

"가장 중요한 순간은 지금이다. 왜냐하면 누구나 현재에서만 행동할 수 있기 때문이다. 그러나 현재에 몰두하지 않는 자는 미래도 놓치게 된다. 가장 중요한 일은 지금 우리 앞에 있는 것과 맞서 싸우는 것이다."

••• 과거는 바꿀 수 없고, 미래는 누구도 알 수 없다. 우리에게 주어진 것은 지금, 이 순간뿐이다. 그러므로 지금, 이 순간의 작은 것 하나하나까지 소중히 생각한다면 우리의 미래는 반짝반짝 빛날 것이다.

미래가 두려워 지금 이 순간에 충실하지 못하면, 미래는 정말 두려운 것이 되고 만다. 순간순간 최선을 다하며 미래를 계획하고 설계해야 한다. 현재는 과거와 미래를 이어주는 징검다리와도 같다. 지금, 이 순간을 즐겨라. 그것이 성공이건, 행복이건 그것을 향해 한 걸음 내디딜 수 있는 때는 바로 지금, 이 순간이다. 내일을 앞당길 수도, 그렇다고 해서 어제를 다시 되돌려 쓸 수도 없다.

08

CHAPTER 02

어떤 인연도 소중하지 않은 것은 없다

살다 보면 삶의 행로가 바뀔 때마다 중요한 역할을 하는 사람들과 만나게 된다. 나 역시 지금까지 많은 이들의 도움을 받았다. 특히 나와 가까운 사람보다는 미처 생각지도 못했던 사람이 큰 행운을 가져다준 경우가 많았다.

육아와 가사에 지쳐 삶의 회의를 느끼던 시절, 나는 또 다른 삶을 꿈꾸었다. 내가 없는 삶이 지독히도 싫었기 때문이다. 그 결과, 벨리댄스를 알게 되었고, 그 일이 계기가 되어 지금의 나로 다시 태어났다. 특히 딸의 초등학교 담임선생님과의 인연이 나를 다른 세상으로 이끌었다.

"선생님, 혹시 친구분들이 계시는 학교에 벨리댄스 방과 후 수업이 개설되면 말씀 좀 잘 부탁합니다."

선생님 친구 중 교장 선생님이 많다는 사실을 알고 농담처럼 한 얘기였다. 그런데 어느 날, 가족여행 중 선생님으로부터 전화가 걸려왔다. "방과 후 수업을 위해 필요한 수업 계획서와 서류를 갖고 내일 오전에 만날 수 있느냐?"는 것이었다. 처음에는 무슨 영문인 줄 몰랐다. 그도 그럴 것이 그런 부탁을 한 지도 꽤 시간이 흘러 까맣게 잊고 있었기 때문이다. 뜻밖의 제안에 잠시 당황했지만, 곧 "알겠습니다. 서류 준비해서 내일 찾아뵙겠습니다."라고 했다. 하지만 그때부터가 문제였다. 서류 작업을 어떻게 해야 하는지, 수업 계획서를 어떻게 써야 하는지 전혀 몰랐기 때문이다. 다행히 컴퓨터를 능숙하게 다루는 사촌 동생과 함께 한 번도 가본 적 없는 PC방에 가서 수정에 수정하기를 거듭한 끝에 새벽 5시가 넘어서야 겨우 서류작업을 끝낼 수 있었다. 피곤할 법도 했지만, 왠지 뿌듯한 기분에 날아갈 것만 같았다.

그렇게 해서 나는 그렇게도 원하던 초등학교 방과 후 교사가 되었다. 그것이 다가 아니다.

초등학교 방과 후 수업을 하면서 유치원 수업도 재미있을 것 같다는 생각이 들었다. 하지만 학교 수업과 가사만으로도 무척 바빴기에 마음만 있을 뿐 행동으로 옮기진 못했다. 그러던 어느 날, 친구가 우리 집과 자기 집 중간에 있는 병원에서 만나자는 연락을 해왔다. 그곳은 조경 시설이 잘되어 있어 가끔 둘이서 커피 한 잔에 수다를 즐기는 곳이기도 했다.

그날도 아무 생각 없이 그곳에 갔다. 그런데 갑자기 누군가가 인사를 해왔다.

"선생님, 여기는 어쩐 일이세요?"

같은 지부에 속한 벨리댄스 강사였다.

"여기서 친구를 만나기로 해서요. 그런데 선생님은 어떻게 오셨어요?"

나의 물음에 그녀는 몸이 좋지 않아서 왔다며, 당분간 하던 수업도 쉬어야 한다고 했다. 그러면서 뜻밖의 제안을 했다. 여름방학 동안만 자기가 해왔던 유치원 수업을 맡아주면 안 되겠냐는 것이었다. 나는 생각할 틈도 없이 승낙하고 말았다. 그렇게 해서 생각지도 않았던 유치원 수업을 하게 되었고, 그것이 계기가 되어 이후 유치원 수업을 계속 맡게 되었다. 뜻밖의 만남으로 평소 원하던 일을 하게 된 것이다.

이렇듯 좋은 운은 자신의 노력도 필요하지만, 다른 사람과의 인연 역시 중요하다. 누가 우리에게 좋은 운을 가져다줄지는 알 수 없다. 생각건대, 나를 스쳐 지나가는 수많은 인연 중 한 사람일 수도 있다. 그러므로 사람과의 인연은 가능한 한 모두 소중하게 생각해야 한다. 생각지도 못한 인연이 좋은 행운을 불러올 수도 있기 때문이다. 물론 나 역시 누군가에게 좋은 운을 줄 수 있다.

한때 재즈댄스 학원에 열심히 다닌 적이 있다. 재즈댄스로 균형 잡힌 몸을 만들고 싶었기 때문이다. 그러다 보니 학원 원장과 친하게 지내게 되었고, 운동 후면 어김없이 이런저런 얘기를 나누곤 했다.

"아는 동생이 능력도 있고 괜찮은데, 아직 결혼을 못 했어요. 혹시 주위에 좋은 사람 있으면 소개 좀 해주세요."

그러자 문득 친한 친구가 떠올랐다.

"괜찮은 친구가 있는데, 서로 소개해줄까요?"

그렇게 해서 내 친구와 원장의 지인은 소개팅을 하게 되었고, 그 만남이 결혼으로 이어져 행복한 가정을 이루어 잘살고 있다.

나의 작은 호의가 타인에게 좋은 운을 줄 수 있듯 타인의 작은 호의가 내게 운을 주기도 한다. 서로 '윈-윈' 하는 셈이다. 하지만 마음속에 어떤 소망을 품고 있는가도 매우 중요하다. 무엇보다도 자신이 간절히 원하는 것을 바라는 마음이 있어야 한다.

••• 어떤 인연도 소중하지 않은 인연은 없다. 살면서 만나는 사람 중 소중하지 않은 사람은 누구도 없으며, 허튼 인연은 어디에도 없다.

우리가 살면서 얻는 큰 행복 중 하나는 나를 있는 그대로 맞아주고 인정하는 사람을 만나는 것이다. 이에 대해 시인 정현종은 이렇게 말한 바 있다.

"한 사람이 온다는 것은 단순히 사람 자체가 아니라 그 사람의 과거, 현재, 미래가 오는 것이다."

가슴이 시키는 일은 주저하지 말고 행동으로 옮겨라. 마음속 희망이 나를 세상 밖으로 나오게 하면 좋은 운은 사람을 통해 얼마든지 다가온다. 또한, 좋은 운을 만나고 싶다면 나를 소극적인 울타리 속에 가둬선 안 된다. 잠깐 스치는 인연이 인생의 전환점이 될 수도 있다. 단, 돈독한 인간관계를 만들어야 한다는 의무감이 아닌 세상을 즐기는 마음으로 다양한 사람을 만나야 한다.

삶을 들여다보면, 내게 운이 올 수 있도록 한 행동은 내가 세상 밖으로 나가서 움직였을 때 오는 경우가 많다. 그러니 '무엇을 크게 이루어야지'가 아니라 그저 내 가슴이 원하고 바라는 것을 위해 나를 움직여야 한다. 그런 작은 행동이 모여서 삶을 바꾼다.

삶은 몇 살까지 반드시 뭘 해야 하고, 어디에 도착해야 하는 숙제가 아니다.
또 다른 사람들과 똑같이 맞춰 살아야 하는 것도 아니다.
그런데도 우리는 천천히 옳은 방향으로 나아가기보다
빨리 어딘가에 도착하기만을 바란다.

CHAPTER 03

새로운 변화를 꿈꾸는 나에게

더는 흘러간 시간, 상처에 얽매이지 마라.
누구도 시간을 되돌릴 수 없다.
현실을 있는 그대로 인정하고, 미래를 향해 나아가는 사람이 되어야 한다.

__ 프리다 칼로, 멕시코의 천재화가

01

CHAPTER 03

자존심이 아닌 자존감을 키워야 한다

어린 시절 나는 자존심이 매우 센 아이였다. 나 스스로 이해되지 않는 일은 절대 인정하려고 하지 않았다. 그런 탓에 엄마를 꽤 많이 속상하게 했다. 반면, 엄마는 남에게 싫은 소리는 절대 하지 못했다. 그런 엄마를 보면서 답답한 마음에 무던히도 반발했다. 그리고 이렇게 다짐하곤 했다.

'나는 절대 엄마처럼 살지 않을 거야.'

초등학교 3학년 즈음이었을 것이다. 어느 날, 큰고모가 집에 찾아왔다. 엄마는 큰고모만 오면 기가 한없이 죽곤 했는데, 그런 엄마의 모습은 어린 내가 봐도 화가 날 지경이었다. 큰고모는 엄마에게 무서운 시어른과도 같은 존재로 항상 엄마를 못마땅해 했다. 그런데 그날, 나는 더욱 충격적인 모습을 보고 말았다. 큰고모가 엄마의 성경책을 찢는 장면을 목격했기 때문이다. 엄마의 만류에도 전혀 아랑곳하지 않았다. 나는 그런 큰고모의 모습에 충격을 받았고, 그걸 보면서도 제대로 화낼 줄 모르는 엄마가 너무 싫었다.

사실 친가는 불심이 매우 깊었다. 할머니께서 아버지를 낳기 전에 절에 가서 공을 들인 후 낳으셨을 정도다. 그런 이유로 집에 성경책이 있는 것 자체가 용납이 안 되었다. 하지만 엄마는 제삿날 음식은 해도 절대 입에 대지 않을 만큼 신앙심 깊은 크리스천이었다. 당연히 아빠와 엄마는 종교 문제로 다투는 일이 많았다. 그 사실을 안 큰고모는 불심 깊은 집안에서 교회를 다니는 것은 집안을 망하게 하는 일이라며, 엄마가 교회에 다니는 것을 크게 반대했다. 그래서 집에 올 때마다 엄마에게 화를 내곤 했다.

그날 밤, 나는 잠을 이루지 못했다. 큰고모에게 따지겠다고 속으로 벼르면서 어서 내일이 오기만을 기다렸다. 그리고 다음 날 큰고모 집을 찾았다.

당시 큰고모 집은 삼 층 건물이었는데, 나는 일 층에서부터 크게 소리를 질렀다.

"큰고모 어디 있어?"

그 소리를 듣고 사촌 언니가 밖으로 나왔다. 사촌 언니와 나는 나이 차가 꽤 나서 언니라기보다는 이모뻘에 가까웠다. 언니는 "왜 그러니?"라고 물었고, 나는 "큰고모에게 할 말 있어서 왔다."라며 무턱대고 큰고모만 찾았다. 때마침 내 목소리를 듣고 큰고모가 내려오기에 대뜸 이렇게 소리치고 말았다.

"큰고모는 엄마 성경책을 왜 마음대로 찢어요? 엄마한테 당장 사과하세요."

그러자 큰고모가 갑자기 웃으면서 이렇게 말했다.

"그 일 때문에 온 거야? 그래, 내가 사과할게."

그러면서 내게 사탕을 줬다. 어린 조카가 엄마를 대신해서 따지러 온 것이 기특하기도 하고 귀여워 보였으리라.

이상한 점은 그런 큰고모를 엄마는 단 한 번도 미워하지 않았다는 것이다. 오히려 큰고모가 오면 항상 자신을 낮추며 밝은 모습으로 맞았다. 세월이 꽤 흘러 큰고모가 중풍에 걸렸을 때도 마찬가지였다. 큰고모는 불편한 몸을 이끌고 우리 집을 자주 찾았고, 뒤늦게나마 과거 자신의 행동을 무척 미안해했다. 그런 큰고모를 엄마는 다 이해했다. 하지만 나는 그 역시 도무지 이해되지 않았다. '큰고모가 엄마한테 어떻게 했는데.'라는 생각에 큰고모가 한없이 미웠기 때문이다. 그만큼 엄마의 말과 행동은 나를 답답하게 했다. 무엇보다도 자기를 한없이 낮추는 게 싫었다. 나의 눈에 비친 엄마는 항상 당하고만 사는 사람이었다. 그런 엄마의 모습을 볼 때마다 나는 다짐하고 또 다짐했다. 절대 엄마처럼 살지 않겠다고.

직장생활을 하면서도 나의 강한 자존심은 유별났다. 누구도 나를 함부로 대하는 것을 용납하지 않았다. 결혼 전, 나는 민원실에 근무했는데, 일의 특성상 여직원이 많았다. 그중 내가 탐탁지 않게 생각하는 직원이 있었다. 그녀는 나와 같은 나이로 매번 자신이 상관이라도 되는 것처럼 말하곤 했다. 그런 모습이 너무 눈에 거슬렸다. 하지만 누구도 그녀의 무례한 말과 행동을 제지하지 않았다. 일을 무척 잘했기 때문이다. 하지만 나는 그럴 수 없었다.

어느 날, 그녀가 내 업무에 간섭을 해왔다. 그래서 대뜸 이렇게 따졌다.

"야, 네가 뭔데 이래라저래라 하는 거야?"

그러자 그녀가 당황한 듯했다. 그도 그럴 것이 지금까지 누구도 그렇게 따지지 않았기 때문이었다. 물론 그녀의 말을 간섭이 아닌 조언으로 받아들일 수도 있었다. 하지만 비뚤어진 내 자존심은 그걸 절대 허락하지 않았다.

고백건대, 나는 자존심이 강하다는 것을 자존감이 높은 것으로 착각했다. 엄마의 유약함을 닮지 않으려는 마음이 자존심이란 잘못된 이름으로 나를 철저히 방어한 것이다. 그 결과, 헛된 자존심은 나를 방어하는 수단이 되긴 했지만, 세상을 좀 더 너그럽게 바라보는 마음을 앗아가고 말았다. 그리고 그것은 나를 진심으로 사랑할 수 없게 했다. 강한 자존심만 있을 뿐 진정으로 나를 사랑하는 자존감은 없었기 때문이다.

내가 진정한 자존감을 찾기 시작한 것은 결혼 후 아이들이 유치원에 다닐 즈음, 나를 찾고자 하는 열망에서 비롯되었다. 그 열망이 나를 변화시켰고, 새로운 나를 꿈꾸게 했다.

••• 쓸데없는 자존심은 버려라. 그것은 진정한 나를 찾을 수 없게 할

뿐더러 행복을 방해하는 장해물에 불과하다. 우리가 챙겨야 할 것은 자존심이 아닌 자존감이다.

행복한 사람들은 자존감이 높다. 그들은 다른 사람들의 말에 절대 흔들리지 않으며, 자신만의 확고한 주관을 갖고 긍정적인 삶을 산다.

자존감과 자존심은 자신에 대한 긍정이라는 공통점이 있다. 하지만 자존감이 '있는 그대로의 모습에 대한 긍정'을 뜻하는 반면, 자존심은 '경쟁 속에서의 긍정'을 뜻한다. 자존감이 자신을 존중하고 자신을 사랑하는 마음이라면, 자존심은 남에게 굽히지 않고 자신의 가치나 품위를 지키는 마음이다. 문제는 정도를 넘어선 불필요한 자존심이다. 그것은 개인적인 문제를 넘어 조직의 단합을 무너뜨리는 요인이 되기도 한다.

자기 자신을 존중하고 사랑할 때 비로소 제대로 된 자존감을 가질 수 있다. 진정한 자신감은 자만심도, 열등감도 아니다. 우월감 없이도 자신을 존중하며 사랑하는 것이야말로 진정한 자존감이기 때문이다.

02

CHAPTER 03

스스로 한계를 만들지 마라

"당신들의 끝없는 강요 속에 내 몸이 묶인다 해도, 내 영혼 속 날개는 꺾이지 않아. 내 삶은 내가 선택해. 새장 속 새처럼 살아갈 수는 없어. 난 이젠 내 삶을 원하는 대로 살래. 내 인생은 나의 것. 나의 주인은 나야. 난 자유를 원해. 자유."

뮤지컬 〈엘리자베스〉의 주인공 엘리자베스가 진정한 자신을 찾기 위해 부르던 '나는 나만의 것'이란 노래의 일부다. 아름다운 선율로 이루어진 그 노래를 듣자마자 내 심장은 크게 요동쳤다. 그리고 나 자신에게 다음과 같은 질문을 던졌다.

'나는 나의 주인으로 살고 있는가?'

유행가 가사에도 있다시피, 내 인생은 나의 것이요, 내 삶의 주인은 나다. 그런데 우리 대부분은 자기 삶의 주인이 아닌 다른 사람의 삶의 조연으로 살고 있다. 다른 사람을 지나치게 의식하고, 그들의 생각에 자신을 맞춰가면서 말이다.

지금도 늦지 않았다. 명품 같은 삶을 살고 싶다면, 지금까지의 삶을 되돌아보라. 후회 없는 삶을 살았다고 자부할 수 있는가? 내 삶의 주인공으로 살았다고 자부할 수 있는가?

많은 사람이 지나온 삶을 후회한다. 매순간 최선을 다하지 못했음을 자책하고, 너무 앞만 보고 달려온 여유 없는 삶을 후회한다. 그만큼 후회의 종류도 많고 다양하다. 하지만 후회한다는 것은 과거에서 벗어나 새로운 삶을 만들 가능성이 있다는 것이기도 하다.

과거를 돌아보는 일은 새로운 미래를 만드는 기초가 된다. 중요한 것은 거기서만 머물러선 안 된다는 점이다. 무엇보다도 생각의 변화가 있어야 하며, 생각의 관점 역시 바뀌야 한다. 과거라는 울타리에서 벗어나려면 생각의 변화가 필수이기 때문이다. 생각이 변하지 않고서는 과거의 울타리에서 절대 벗어날 수 없다. 그렇게 되면 과거의 평행 선상에서 제자리걸음만 하는 후회하는 삶을 계속 살게 된다.

과거와는 다른 새로운 삶을 원한다면 세상을 바라보는 관점을 바꿔라. 특히 세상을 긍정적으로 바라봐야 한다. 관점을 바꾸면 세상 역시 많은 도움을 준다. 실제로 성공한 사람들은 본인이 열심히 노력하기도 했지만, 세상으로부터도 적지 않은 도움을 받았다. 또한, 새로운 삶을 원한다면 자신이 세상의 중심이 되어야 한다. 일의 중심에 자신이 있는 것이 아니다. 자신을 중심으로 모든 일이 일어나는 것이다. 다시 말해 일이 아닌 자기 자신이 핵심이 되어야 한다.

누구나 실수와 실패를 반복하는 삶을 산다. 문제는 그것을 보는 관점이다. 어떻게 보느냐에 따라 성공의 문에 성큼 다가설 수도 있고, 실패의 늪에서 영원히 벗어나지 못할 수도 있기 때문이다. 중요한 것은 어떤 관점으로 문제를 보고 해결하느냐는 것이다. 세상이 나를 위해 존재한다는 믿음을 토대로 문제를 해결한다면 두려울 것이 없다. '어차피 세상은 내게 도움을 줄 것이다.'라는 믿음으로 자신에게 어떤 한계도 두지 않기 때문이다.

뮤지컬 〈엘리자베스〉를 보면 다음과 같은 노래 가사가 있다.

"내 몸이 묶인다고 해도 내 영혼 속 날개는 절대 꺾이지 않아. 내 삶은 내가 선택해."

현실의 삶이 아무리 힘들고 고통스러워도 내면까지 힘들게 해선 안 된다. 우리가 세상을 바라보는 시선은 자신이 보고자 하는 곳에 머문다. 예컨대, 똑같은 날씨라도 각자의 생각에 따라 기분 좋은 날씨가 될 수도 있고, 불쾌한 날씨가 될 수도 있다. 마찬가지로 우리가 하고 싶은 일이 있다면, 우리 시선은 그 일과, 어떻게 하면 그 일을 이룰 수 있는지, 그 실천 방법에만 머문다. 다른 일은 전혀 눈에 들어오지 않는다.

중요한 것은 스스로 한계를 만들지 않는 것이다. 자신의 한계는 자신의 마음이 결정한다. 따라서 스스로 포기하지 않는 한 한계란 없다. 절대 자신이 만든 새장 속에 갇혀 세상을 한탄하며 사는 우를 범해선 안 된다.

내 인생은 나의 것이며, 나의 주인은 '나'다.

••• 스스로 한계를 만들지 마라. 생각을 크게 하고, 작은 것부터 행동으로 적극적으로 옮겨야 한다. 작은 실천이 하나둘 모여 우리가 원하는 세상을 만든다. 그렇게 해서 내가 주인공이 되는 삶, 주체가 되는 삶 속으로 당당히 걸어가자. 세상의 주인공은 나다. 두려움을 떨치고 나를 믿으며, 긍정의 마음과 시선으로 완전무장하자. 시선이 어느 곳을 향하는지에 따라 미래는 달라진다.

CHAPTER 03

생각의 차이가
삶의 차이를 만든다

어떤 일이 일어났을 때 그것을 어떻게 생각하느냐에 따라 운이 좋을 수도, 나쁠 수도 있다. 즉, 운의 좋고 나쁨은 생각에 따라 달라진다.

우리 가족은 겨울이면 스키장을 즐겨 찾곤 했다. 아들이 스노보드를 매우 좋아했기 때문이다. 그날 밤도 여느 때처럼 스키를 즐긴 후 집으로 향하던 길이었다. 고속도로를 달리던 중 차가 갑자기 방향을 잃고 중심을 잡지 못했다. '이제 죽었구나.'라는 생각이 엄습해왔다. 남편은 "브레이크 작동이 안 된다."라며 소리만 칠 뿐 어쩔 줄 몰라 했다. 그야말로 속수무책이었다. 순간, 나는 있는 힘을 다해 사이드브레이크를 잡아당겼다. 그제야 차는 날카로운 소리를 내며 가드레일에 부딪힌 후 반대편 갓길에 멈춰 섰다. 잠시 후 사고 현장을 목격한 사람이 걱정스러운 표정을 지으며 우리를 향해 다가왔다. 다행히 아무도 다친 사람은 없었다. 불행 중 다행이었다.

사고 대가는 꽤 컸다. 차 수리비만 자그마치 칠백여 만 원이 나왔기 때문이다. 생각건대, 만일 그때 우리 차 뒤에 다른 차가 있었다면 인명사고로까지 번질 수 있었을 만큼 큰 사고였다. 사고 자체만 두고 봤을 때는 분명 불행한 일이었다. 하지만 큰 사고였는데도 불구하고, 누구 하나 다치지 않은 것은 기적과도 같은 일이었다.

하루에도 수많은 일이 일어나고, 대부분은 그것을 무심히 흘려보낸다. 하지만 그중 자신과 관련된 일이 있다면? 더욱이 그것이 자신을 매우 힘들게 하는 일이라면?

대부분 '나는 운이 없다.'라고 생각할 것이 틀림없다. 하지만 그것은 생각의 차이일 뿐이다. 어떤 관점으로 보느냐에 따라서 그 결과가 달라지기 때문이다.

좋은 운을 끌어당기기 위해서는 자신에게 일어나는 일을 넓은 시각으로 바라봐야 한다. 당장 눈앞에 일어난 힘든 일로 괴로워하며 고통스러워하기보다는 그것이 내게 일어난 의미를 긍정적으로 생각해야 하는 것이다. 그 일이 좋은 운을 가져다주는 복선이 될 수도 있기 때문이다.

뇌 과학자들에 의하면, "우리 뇌는 우리가 믿고 생각하는 것을 사실이라고 착각한다."라고 한다. 그만큼 생각은 중요하다.

심리학 용어 중 '플라세보' 효과가 있다. 의사가 아무런 효과가 없는 가짜 약을 환자에게 효능이 있는 약이라고 말하고 주면 실제 약과 비슷한 효능을 발휘한다는 것이 바로 그것이다. 그 외에도 뭔가에 대한 믿음과 기대, 예측이 실제로 일이 잘 풀릴 것으로 기대하면 잘 풀리고, 안 풀릴 것으로 기대하면 안 풀리는 경우, 어떤 상황이 실제로 일어날 것으로 생각하면, 결국 그 일이 실제가 되는 일을 포괄하는 것을 토머스 머튼은 '자기충족적 예언'이라고 이름 붙였다. 이는 자기가 생각하고 믿는 것이 현실에서 실제로 일어날 수 있음을 뜻한다. 그만큼 믿음은 우리 일상에 많은 영향을 끼친다.

자기 생각과 믿음이 좋은 운으로 연결되려면 무엇보다도 긍정적인 마음을 가져야 한다. 특히 일상의 사건은 어떻게 생각하느냐에 따라 그 결과가 바뀐다는 사실을 잊어선 안 된다. 예컨대, 자신은 운이 좋은 사람이라고 생각하면 정말 운이 좋은 사람이 된다. 운이 좋은 사람이라고 생각하는 것 자체가 자신의 삶을 긍정적으로 해석하기 때문이다. 마찬가지로 보잘것없는 사건 역시 생각과 믿음에 따라 의미 있는 사건이 될 수도 있다.

좋은 운을 원한다면 하루를 시작할 때의 마음가짐을 유쾌하게 전환하는 노력이 필요하다. 특히 아침에 뇌에 생기는 이미지에 따라 그날 하루의 운이 결정된다. 뇌가 '행복하고 운이 좋은 사람이다.'라는 착각을 할 수 있는 환경을 만들어라. 유쾌한 마음으로 내면을 바꾸는 노력은 일을 부드럽고 너그럽게 바라볼 수 있게 한다. 또한, 좋은 운을 원한다면, 감나무 밑에 누워서 감이 떨어지기만을 기다릴 것이 아니라 자기 생각과 마음을 움직여야 한다. 그러자면 일상에서 일어나는 크고 작은 일에 연연하지 않아야 하며, 자신에게 일어나는 일은 '좋은 운을 주기 위해 일어나는 것이다.'라는 믿음으로 인생을 크고 멀리 바라봐야 한다.

●●● 생각의 차이가 삶의 차이를 만든다. 운은 누군가가 주는 것이 아니라 우리 자신이 만드는 것이다.

보이지도 않고, 알 수도 없는 삶이라는 길을 걸으면서 우리는 매 순간 묻고 또 묻는다.

'나는 지금 어디에 서 있고, 어디로 가고 있는가?'

하지만 누구도 이 물음에 쉽게 답할 수 없다. 그러면서 스스로가 설정한 가치 있는 것들을 향해 백지처럼 아무것도 표시되어 있지 않은 그 길을 걷고 또 걷는다. 그것이 바로 우리 삶이다.

삶은 과거와 현재에만 머무는 것이 아니다. 앞으로 펼쳐지는 삶도 있다. 앞으로 펼쳐질 삶이 지금보다 더 좋았으면 하는가? 그렇다면 지금, 이 순간부터 이렇게 외쳐라.

'나는 운이 좋은 사람이다.'

그것만으로도 일을 바라보는 시선이 달라질 것이다. 또한, 그 믿음은 긍정적인 생각을 만들고, 긍정적인 생각은 삶을 변화시킨다.

04

CHAPTER 03

삶이 불만족스럽다면 말부터 바꿔라

말은 곧 그 사람의 인격이다. 말을 통해 그 사람의 모든 것이 고스란히 드러나기 때문이다. 말은 정신과도 밀접하게 연결되어 있다. 그러다 보니 외적인 영향은 물론 내적인 영향도 미친다. 말을 통해 생각이 움직일 수도 있다. 그런 점에서 말은 어떤 무기보다도 강한 힘을 갖고 있다.

긍정적인 말은 사람을 변화시킨다. 자신의 한계를 뛰어넘어 새로운 나를 만들기 때문이다. 이와 관련해서 김밥 파는 CEO로 유명한 〈스노우폭스〉 김승호 대표는 이렇게 말한 바 있다.

"나는 말의 힘을 믿는 사람이다. 한번 말하고 나면 잊기 전까지 그 힘이 사라지지 않음을 믿는다. 그리고 그 말에 힘을 부여하고 계속해서 그 힘이 사라지지 않게 하려고 그것을 액자에 써서 걸어놓거나 그에 알맞은 이미지를 만들어서 포스터로 제작해서 걸어놓는다."

그는 이루고 싶은 소망을 하루에 100번씩, 100일 동안 중얼거렸다고 한다. 그 결과, 그것을 모두 이룰 수 있었다.

긍정의 말은 물결치는 예쁜 파동이 되어 사물을 투과하지만, 부정의 말은 거친 파동이 되어 사물을 아프게 한다. 또한, 긍정의 말은 긍정적인 사고와 긍정적인 감정을 낳는다. 그 결과, 우리 뇌는 원하는 것을 얻기도 전에 이미 그것을 이룬 상태가 된다. 이는 가슴 뛰는 상태에서 목표에 집중하면 한계 이상의 능력을 발휘할 수도 있음을 뜻한다.

말의 영향력은 간단한 실험으로도 입증된 바 있다. 각각 다른 병에 밥을 넣어두고 한쪽에는 긍정의 말을, 다른 한쪽에는 부정의 말을 한 후 어떻게 되는지 관찰했다. 그 결과, 긍정의 말을 한 병에는 하얗고 뽀얀 곰팡이가 피었지만, 부정의 말을 한 병에는 까맣고 냄새나는 곰팡이가 피었다.

이렇듯 긍정의 말은 우리의 생각과 이미지, 감정을 긍정적으로 바꾸어 성공하는 삶을 살게 한다. 또한, 삶의 의욕을 샘솟게 할 뿐만 아니라 모든 세포를 일사불란하게 움직여 목표에 집중하게 한다. '셀프이미지'를 디자인하기도 한다. 다른 사람에게 '저 사람은 잘 될 것 같다.'라는 좋은 이미지를 갖게 하는 것이다.

"말이 씨가 된다."라는 속담이 있다. 이 말은 뇌 의학적으로 입증된 바 있다. 예컨대, "아, 짜증 나. 나는 하는 것마다 왜 이 모양이야?"와 같은 부정의 말은 스트레스 호르몬을 분비하며, 정말 짜증이 나는 상황을 만든다. 그만큼 말은 우리 몸과 마음에 적지 않은 영향을 미친다.

"말하는 대로 이루어진다."라는 말 역시 말의 중요성을 잘 표현하고 있다. 말에는 각인 효과가 있는데, 이는 말에 의해 뇌가 착각하는 현상을 말한다. 예컨대, '나는 행복해!', '좋은 일만 일어날 거야.', '고마워', '사랑해', '감사해.'와 같은 말은 세로토닌과 도파민 같은 행복 호르몬을 분비해서 삶을 더 행복하고 즐겁게 만든다.

●●● "말은 습관이고, 행동이며, 운명이 된다."

'철의 여인'이라 불리었던 영국 전 수상 마거릿 대처의 말이다. 그 말이 아니라도 말은 태초부터 인간을 판단하는 중요한 기준이다. 그만큼 중요하기 때문이다.

긍정의 말은 자신을 확신하는 힘을 갖게 한다. 자신에 대한 믿음과 확신이 없으면 삶의 방향 역시 조절할 수 없다. 또한, 긍정의 말은 사람의 마음을 여는 힘이 있으며, 절망을 희망으로 바꾸고, 용기를 준다.

긍정의 말은 자신뿐만 아니라 다른 사람의 기분에도 영향을 미친다. 말이 입에서 나와 소리가 되는 순간, 자신의 의도와 상관없이 주위에 영향을 미치기 때문이다. 그러므로 말을 하기 전에 그 말의 의미에 대해서 다시 한 번 생각해볼 필요가 있다. "말 한마디에 천 냥 빚을 갚는다."라는 속담도 있지 않은가.

삶이 힘든가? 만족스럽지 않은가? 그렇다면 말부터 바꿔라. 말은 현재뿐만 아니라 미래에도 영향을 미친다. 특히 자신이 원하는 삶으로의 변화를 원한다면, 현재 자신이 하는 말부터 주의 깊게 살펴볼 필요가 있다. 부정적인 말에 익숙한 나머지 자신이 가고자 하는 길에 방해되어선 절대 안 된다.

05

CHAPTER 03

생각한 것을 이룬 것처럼 말하라

"당신이 원하는 결과를 상상하고 그것을 얻은 것처럼 말하라."

46개국 언어로 번역되어 2,000만 부 이상 팔린 《시크릿》의 저자 론다 번의 말이다.

완료형 말은 원하는 것을 더 빨리 이룰 수 있게 한다. 세계적인 화장품 회사 에스티 로더의 설립자 에스티 로더 역시 이와 비슷한 말을 했다.

"당신의 꿈을 시각화하라. 만일 당신이 마음의 눈으로 이미 성공한 회사, 이미 성사된 거래, 이미 달성한 이익 등을 볼 수 있다면, 실제로 그런 일이 일어날 가능성이 크다."

성공한 사람들은 생각한 것을 마치 이룬 것처럼 말한다. 말은 믿음과 연결되며, 그것이 가져다주는 놀라운 효과를 믿기 때문이다.

믿음은 자신이 원하는 방향으로 움직이게 하는 힘이 있다. 세계적인 영화감독 스티븐 스필버그는 한 인터뷰에서 이렇게 말한 바 있다.

"나는 열두 살 때 영화감독이 되기로 마음먹었다. 단순히 소망한 것이 아니다. 나는 내 꿈을 분명하게 그렸다. 그리고 실제로 영화감독이 되었다."

이렇듯 완료형 말버릇은 상상의 힘과 함께 강력한 힘을 발휘한다.

누구나 한 번쯤 간절히 원하는 것을 이룬 경험이 있을 것이다. 나 역시 그런 경험이 몇 번쯤 있다. 나는 마음속 다짐과 함께 미래에 꿈꾸는 일을 항상 중얼거리곤 했다. 그렇다고 해서 기적처럼 그 일이 바로 이루어진 것은 아니다. 나를 믿고, 희망의 주문을 끊임없이 외운 결과, 마침내 현실이 되었다.

삶이 힘들수록 완료형 말을 사용해야 한다. 하지만 그것을 우리 내면에 익숙하게 받아들이기란 절대 쉽지 않다. 자신이 바라는 일과 현실 사이에 큰 괴리가 있을 수도 있기 때문이다. 또한, 현실에 부합하지 않는 바람을 완료형으로 말한다고 해서 그것을 꼭 이룰 수 있는 것도 아니다. 하지만 성공한 사람들은 '과연 할 수 있을까? 가능할까?'라는 의문을 뒤로 하고 결국 자신이 원하는 일을 이루어냈다. 만일 그들이 '나는 능력이 안돼. 내가 어떻게 할 수 있겠어?'라며 현실과 타협했다면, 성공은 남의 이야기가 되었을 것이다. 그러므로 자신이 원하는 삶을 살고 싶다면, 자신을 믿고 소망을 가득 담은 완료형 말버릇을 사용해야 한다.

나는 한때 완료형 말버릇의 효과를 의심했다. 성격이 급한 탓도 있지만, 말이 현실이 된다는 것에 관한 확신이 없었기 때문이다. 희망의 마음을 담아 완료형 말버릇을 사용했지만, 눈앞의 현실은 조금도 변하지 않았다. 그 결과, 내 안에서 완료형 말버릇을 거부하기 시작했다. 현실이 힘들수록 더욱더. 그렇다고 해서 완료형 말버릇을 포기한 것은 아니었다. 의심은 했지만, 포기하지 않고 계속해서 희망을 중얼거렸다. 힘들수록 내게 도움이 되는 쪽을 택하는 것이 맞는다고 생각했기 때문이다.

힘든 상황에서는 누구의 도움보다도 자신의 마음이 가장 중요하다. 누군가에게 아무리 내 상황을 얘기한들, 결국 자신이 해결해야 하기 때문이다. 지금보다 더 나은 삶을 만들려면 긍정적인 믿음을 담은 완료형 말버릇을 해야 한다. 그래야만 자신을 움직일 수 있다.

자신이 원하는 삶을 살려면 변화는 필수다. 변화 없이는 절대 삶이 변하지 않기 때문이다. 문제는 막상 그게 내 일이 되면 그렇게 생각하기가 쉽지 않다는 점이다.

딸이 다니던 대학을 자퇴하고 변화를 선택하자 무모하다는 생각이 들었다. 적지 않은 시행착오를 겪었기에 이제는 안정적인 삶을 살기를 바랐기 때문이다. 그래서 말려도 보고, 무시도 해봤지만, 딸은 절대 자기 생각을 바꾸지 않았다. 그때부터 힘든 여정이 시작되었다. 혼자서 낯선 서울에서 고군분투했지만, 음대에 진학을 목표로 어린 시절부터 실력을 쌓은 아이들과는 애초에 싸움이 되지 않았다. 결국, 딸은 시험에서 떨어졌고 큰 상실감과 슬럼프에 빠졌다. 그 모습을 곁에서 지켜보는 나 역시 마음이 찢어질 듯 아팠다. 하지만 딸은 곧 다시 일어섰다.

그때부터 나는 속으로 '이번에는 무조건 된다. 분명 기적을 이루어낼 것이다.'라는 확신의 말을 중얼거렸다. 완료형 말을 되새김질하며 불안한 마음을 다잡은 것이다. 그리고 일주일에 한 번씩 서울에 올라가 딸을 열심히 뒷바라지했다. 그때부터 '된다, 된다, 무조건 된다.'라는 말은 나의 슬로건이 되었다. 하지만 입시가 다가올수록 불안한 마음도 같이 따라왔다. 아니나 다를까 딸은 또다시 실패의 쓴맛을 보았다.

실패 경험은 현실을 더욱 불안하게 한다. 하지만 그것을 떨쳐내지 않으면 미래도 없다. 나는 불안해하는 딸에게 '된다!'는 확신을 심어주며 완료형 말을 끊임없이 되뇌었다. 합격자 발표 날의 두근거림과 기쁨을 아직도 잊을 수 없다. 나는 끝까지 확신과 믿음의 완료형 말을 주문처럼 외우며 합격자 발표를 기다렸다. 그 결과, 딸은 기적과도 같은 합격의 기쁨을 맛보았다.

••• 강력한 믿음으로 성공을 기정사실로 하여라. 그것이 꿈을 현실로 만든다.

"먼저 올라야 할 산을 정하고, 10년 후 나는 이렇게 될 것이다, 30년 후에는 이렇게 될 것이다, 50년 후에는 이렇게 될 것이라, 라는 명확한 기한을 정하라. 그리고 그때의 이미지를 철저하게 머릿속에서 그려야 한다." 일본 〈소프트뱅크〉 회장 손정의의 말이다. 그는 인생 계획표를 세운 후 매일 그것을 주문처럼 반복적으로 외쳤다고 한다. 그 결과, 1981년 자본금 1,000만 엔이었던 〈소프트뱅크〉는 현재 자회사 117개, 투자회사

79개를 거느린 세계적인 기업으로 성장하였다. 이 모든 것이 가능했던 데는 그의 탁월한 능력과 거칠 것 없는 추진력은 물론 '긍정적인 반복 암시의 힘'이 큰 역할을 했다.

보이지 않는 힘은 불가능을 현실로 만든다. 문제는 보이지 않는 것에 대한 믿음을 갖기란 절대 쉽지 않다는 점이다. 하지만 이 세상에는 보이지 않는 힘이 얼마든지 존재한다. 다만, 우리 눈에 보이지 않기에 믿으려고 하지 않을 뿐이다.

완료형 말버릇을 통해 내 안의 보이지 않는 힘을 적극적으로 표출하라. 삶이 달라질 것이다.

06

CHAPTER 03

삶을 바꾸는 0.3초의 기적, 감사의 힘

“우리가 원하는 것을 이루게 하는 비밀은 바로 ‘감사’에 있다.”

세계적인 베스트셀러《시크릿》의 저자 론다 번의 말이다.

이렇듯 ‘감사합니다.’란 말에는 부정을 긍정으로 바꾸는 힘이 있다. 또한, 거기에는 원하는 것을 이루게 하는 힘이 있다. 그래서일까. ‘감사합니다.’란 말을 자주 사용하는 사람들을 보면 대부분 표정이 밝고 긍정적이다.

미국에서 실시한 재미있는 실험이 있다. 캘리포니아 데이비스대학교 심리학과 교수 로버트 A. 이먼스 박사와 마이애미대학교 심리학과 교수 마이클 매컬로프 박사는 300명을 100명씩 세 그룹으로 나눈 후 A그룹에는 오늘 일어난 일을, B그룹에는 오늘 기분 나빴던 일을, C그룹에는 오늘 감사했던 일을 3주 동안 기록하게 했다. 그 결과, C그룹에 속한 사람들이 가장 행복한 것으로 나타났다. 또한, 실험이 진행되는 동안 아프거나 스트레스를 받은 사람 역시 거의 없었다. 오히려 더 행복해했다. 반대로 B 그룹에 속한 사람들은 자주 다퉜으며, 위장 질환까지 생겼다.

로버트 A. 이먼스 박사와 매컬로프 박사는 실험 결과를 다음과 같이 정리했다.

- 감사하는 사람은 스트레스를 잘 받지 않는다.
- 감사하는 사람은 다른 사람보다 더 행복해한다.
- 감사하는 사람은 힘이 넘치고 병에 잘 걸리지 않는다.
- 감사하는 사람은 다른 사람에게도 기쁨을 준다.
- 감사와 불평은 바이러스와 같아서 다른 사람을 전염시킨다.

감사하는 마음은 우리 신체에 매우 긍정적인 반응을 일으킨다. 하지만 일상생활에서 그것을 실천하기란 절대 쉽지 않다. 감사하는 마음도 노력이 필요하기 때문이다.

오늘은 아무 일도 없었다
한가함이라는 선물을 받았다

오늘은 몸이 아파 누웠다
몸에게 반성하며 감사했다

오늘은 좋은 일이 있었다
힘든 시간들에게 감사했다

오늘은 실패가 있었다
그래도 나는 아직 죽지 않았다

내일도 새로운 만남과 선물이 있으리라
오늘 다시 준비하며 새롭게 감사할 뿐.

- 박노해, 〈감사〉

자신에게 일어나는 일에 감사하는 마음을 갖는 것만큼 행복한 일은 없다. 만일 고통의 순간까지도 감사해 한다면 언젠가는 틀림없이 행운의 기적과 만나게 될 것이다.

나 역시 힘들고 시련을 겪을 때마다 의도적으로 '감사합니다.'라는 말을 되뇌곤 했다. 그럴수록 마음이 차분해졌다. 고난과 시련은 삶의 일부이자 교훈으로 생각했다. 그러자 작은 것에서도 행복을 느낄 수 있었고, 그런 마음의 변화는 원하는 일을 향해 나아가는 힘이 되었다.

아들이 고등학교 3학년 때의 일이다. 아들은 공부와는 거리가 먼 생활을 했다. 툭 하면 자율학습 시간에 사라져서 담임선생님은 물론 엄마 아빠를 불안하게 했다. 하루가 멀다고 걸려오는 담임선생님 전화를 받기가 무서울 정도였다. 야단도 쳐보고, 다독여도 봤지만, 아무런 효과가 없었다. 방법을 달리할 필요가 있었다. 나는 아들을 걱정하는 마음을 문자 메시지에 담았다. 그와 함께 아들이 더 나쁜 길로 빠지지 않는 것에 고마워했다. 아닌 게 아니라 아들은 방황의 선을 넘지 않으려고 나름대로 최선을 다하고 있었다.

나는 불안과 걱정이 아닌 감사하는 마음을 담아 용기와 격려의 문자 메시지를 아들에게 보냈다. 귀찮아서 보지 않을 수도 있었지만, 단 한 문장이라도 아들에게 진심이 전해졌으면 했다. 고등학교만 졸업하면 방황도 끝내겠지 싶었지만, 그것은 순전히 나만의 바람일뿐이었다.

아들의 방황은 거기서 끝나지 않았다. 원하지 않는 대학에 진학한 아들은 학교에 쉬이 적응하지 못했을 뿐만 아니라 적지 않은 시련을 겪어야 했다. 그제야 아들은 뭔가를 깨달은 듯 이렇게 물었다.

"왜 내게만 이런 일이 일어나는 걸까?"

그런 아들을 향해 나는 이렇게 말했다.

"그 일들은 너를 제대로 된 길로 가게 하려고 일어난 거야. 그러니 그 일에 감사해야 해."

그때부터 아들은 눈빛이 달라졌고, 생각 역시 긍정적으로 바뀌었다. 그리고 지난날의 자신을 되돌아보며, 자신이 가야 할 길을 열심히 찾으려고 했다. 방황의 시간이 제대로 된 목표와 꿈을 갖게 하는 계기가 된 셈이다. 어떻게 살아야 하는지 깨닫는 거울이 되었기 때문이다.

••• 힘들고 어려울수록 감사하는 마음을 가져야 한다. 감사하는 마음은 자기 자신을 믿을 수 있게 하고, 역경을 이겨내는 힘이 된다.

우리는 자신에게 너무 당연하게 주어지는 일상이 누군가에게는 간절히 바라는 일이 될 수 있다는 사실을 알지 못한다. 그러다 보니 감사한 일보다 힘든 일에 더 초점을 맞추며 불행과 가까워지려고 한다. 하지만 감사하는 마음을 갖는 순간, 세상은 내 편이 되고, 소소한 것에서도 행복을 느낄 수 있다.

07
CHAPTER 03

‘드림 킬러’ 멀리하기

삶은 끊임없이 문제를 제기한다. 그때마다 우리는 수많은 고민을 통해 현명한 선택을 해야 한다. “순간의 선택이 평생을 좌우한다.”라는 말처럼 어떤 선택을 하느냐에 따라 삶이 크게 달라지기 때문이다. 문제는 대부분 사람이 자기 자신이 아닌 다른 사람의 삶에서 해답을 찾으려고 한다는 것이다. 과연 그것이 정답일까. 내 안에서 찾은 답이 아닌 주변에서 얻은 답이 내 인생을 바르게 이끌 수 있을까.

각자의 얼굴이 다르듯 각자의 가치관과 생각 그리고 지향하는 방향 역시 다르다. 내가 원하는 삶이 있는데도 나와 전혀 다른 삶을 사는 사람에게 조언을 구하고, 내 생각과 다른데도 다른 사람의 의견을 따라야 할까. 그것은 내가 주도하는 삶이 아닌 타인의 꼭두각시 삶을 사는 것이다.

나 역시 삶의 문제에 부딪힐 때마다 지인들에게 하소연하곤 했다. 마음속 생각을 꺼내놓는 것만으로도 조금은 답답함을 내려놓을 수 있었기 때문이다. 그때마다 나는 다음과 같은 말을 내심 기대했다.

"너라면 충분히 잘 이겨낼 수 있을 거야. 그러니 너무 걱정하지 말고 힘내."

위로받고 싶었다. 문제의 답을 얻기 위한 것이 절대 아니었다.

누구도 내 문제를 속 시원하게 해결해줄 수는 없다. 더욱이 그들 역시 나름의 고민과 문제를 안고 사는 것은 마찬가지다. 마찬가지로 나 역시 누군가의 문제를 말끔히 해결해줄 수는 없다. 그들 역시 해답을 직접 찾아야 한다. 우리가 해줄 수 있는 것은 힘든 상황을 잘 이겨내도록 위로하고 응원하는 것만으로도 충분하다. 단, 이때 반드시 피해야 할 사람이 있다. 바로 '드림 킬러'다. 드림 킬러는 꿈을 이루는 것을 방해할 뿐만 아니라 결정적인 순간 발목을 붙잡는다. 중요한 것은 그런 사람은 대부분 나와 관계없는 사람이 아닌 아주 가까운 사람 중에 있다는 것이다.

나는 오래전부터 소망했던 꿈을 이루기 위해 글쓰기 공부를 시작했다. 나만의 책을 쓰고 싶었기 때문이다. 그것에 관해 친한 지인에게 얘기한 적이 있다.

"언니, 나 책 쓰려고 글쓰기 공부를 시작했어."

그러자 지인은 내 손을 꼭 붙잡으며 이렇게 말했다.

"책은 아무나 쓰니. 글쓰기는 그냥 취미로 하는 게 좋지 않을까?"

지인은 분명 자기 생각과 경험을 바탕으로 문제를 해석하고, 자기가 생각하는 정답을 말하며 진심 어린 조언을 했다고 생각했을 것이다. 하지만 안정을 중요시하는 지인의 말은 같은 성향의 사람에게는 도움이 될지언정, 나처럼 반대되는 성향의 사람에게는 어떤 도움도 되지 못한다. 꿈을 죽이는 말이기 때문이다.

사실 내가 지인에게 그런 얘기를 한 것은 '안 돼, 그만 포기해!'라는 말을 듣기 위해서가 아니다. 방향을 결정해달라는 것도 아니다. 단지 '열심히 최선을 다하면 언젠가는 이룰 수 있을 거야.'란 말이 듣고 싶었다. 하지만 지인은 자신의 경험이 정답인 양 가능보다는 불가능에 초점을 맞추었다. 생각건대, 안정을 추구하는 지인의 성향으로는 최선의 조언이었으리라. 문제는 그때부터 부정적인 생각이 나를 괴롭혔다는 것이다. 지인에게 나의 꿈을 얘기하기 전에는 '잘할 수 있어. 꼭 꿈을 이루어낼 거야.'라는 생각에 나를 완전무장하며 확고한 마음을 다졌지만, 지인의 한마디는 그런 각오를 단번에 무너지게 했다. '정말 뜬구름 잡는 일일까. 책을 쓰는 일은 아무나 할 수 있는 일이 아닌 걸까.'란 생각이 한동안 나를 지독히 괴롭혔기 때문이다.

주변 사람들의 부정적인 말만 믿고 자신의 꿈을 접는 사람들이 간혹 있다. 하지만 그것은 어디까지나 그들의 생각일 뿐이다. 그럴수록 '할 수 있다'는 믿음을 가져야 한다. 끝까지 포기하지 않으면 분명 자신이 원하는 세상과 만날 수 있다. 그러자면 주변의 조언보다는 자기 자신을 들여다보며, 문제의 원인을 직접 찾아야 한다. 그리고 원인을 찾았다면 '내 마음 바꾸기'를 제1순위로 삼아야 한다. 내 마음이 드림 킬러가 될 수도 있기 때문이다.

행복한 삶을 살기 위해서는 자기 삶의 주인이 되어야 한다. 각자 행복을 추구하는 방향이 다르므로 내가 행복해지는 방법은 자신이 찾는 것이 가장 현명하다. 생각건대, 나와 가치관이나 성향이 맞지 않는 사람에게 조언을 구하는 일은 부정적인 울타리에 자신을 가두는 것과 같다. 또한, 내 생각을 배제하고, 다른 사람의 결정이 '맞다'고 생각하는 것만큼 위험한 일은 없다. 그것은 자신의 삶을 포기하는 것과 같기 때문이다.

누군가에게 손을 내밀 때는 '안 된다.'라는 말을 듣기 위해서가 아니다. '왜 그러냐?'라는 질타를 듣기 위함도 아니다. 문제의 답을 선택해달라는 것은 더더욱 아니다. 단지 마음의 위안을 얻고, 자신에게 '힘내, 잘할 수 있어.'라는 용기의 말을 듣고 싶기 때문이다.

지적하는 사람, 안될 것이라고 말하는 사람들을 조심하라. 자신을 움직이는 힘은 자신에게 있다. 생각의 가능성을 무시하는 의견에만 집중한다면, 자신은 물론 세상 역시 절대 바뀌지 않는다. 주변의 걱정 어린 불가능의 말들을 '가능하다'라고 확신하며, 묵묵히 걸어갈 때 나와 세상은 바뀐다. 실제로 세상을 변화시킨 사람들은 자신의 삶에 안주하며 '안 될 것 같아, 절대 될 수 없어.'라며 주변의 걱정을 자신의 삶으로 끌어들인 사람들이 아닌 자신의 도약을 위해 긍정적인 마음으로 내면의 힘을 강화하며 원하는 삶을 이룬 사람들이다.

••• 드림 킬러를 멀리하라. 그들은 우리의 꿈과 미래에 대한 열정을 불식시킬 뿐만 아니라 더는 꿈을 꾸지 못하게 한다. 그들의 말이 맞을 수도 있다. 하지만 그들 역시 어차피 가 보지 않은 길이다. 그렇다면 그들의 의견이나 생각보다는 나 자신을 믿고 따라야 한다. 그러니 일단, 목표를 세웠으면 거기에 몰입하라. 결과는 누구도 알 수 없다.

지금 당신은 과연 어떤 모습을 하고 있는가? 삶의 주인공인가? 아니면, 누군가의 삶을 흉내 내고 있는가? 우리 삶의 주인공은 누구도 아닌 바로 우리 자신이다. 하지만 많은 사람이 그 사실을 간과한 채 다른 사람이 만든 행복의 기준을 무작정 좇곤 한다. 마치 그들의 말이 정답인 양 그것을 좇으며 맹목적인 삶을 사는 것이다.

삶의 방향을 절대 타인의 손에 넘겨선 안 된다. 자신의 길은 자신이 직접 만들어 가야 한다. 그래야만 진정한 행복에 이를 수 있다.

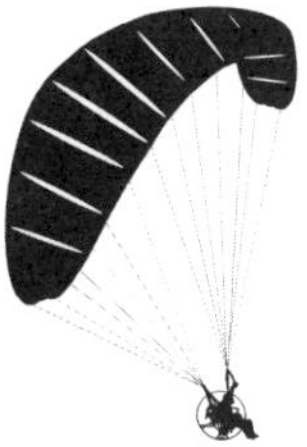

스스로 한계를 만들지 마라.

생각을 크게 하고, 작은 것부터 행동으로 적극적으로 옮겨야 한다.

작은 실천이 하나둘 모여 우리가 원하는 세상을 만든다.

CHAPTER 04

위기를 기회로 바꾸고 싶은 나에게

자기 자신이 최고라고 믿어라!
자기 자신에 대한 강력한 믿음이야말로
자신을 성장시키는 최고 지름길이다.

__ **손정의, 일본 〈소프트뱅크〉 회장**

01

CHAPTER 04

행복하려면 감정을 잘 다스려야 한다

인간이 동물과 다른 점은 이성을 갖고 있다는 것이다. 하지만 실제로는 감정에 호소하거나 휩쓸리는 일이 더 많다. 인간이 감정의 동물이라는 것은 임상시험을 통해서도 이미 밝혀진 사실이다.

전문가들에 의하면, 생각이 감정에 작용하는 네트워크보다 감정이 생각에 명령하는 네트워크가 3배 이상 많다고 한다. 생각이 감정을 지배하는 것이 아니라 감정이 생각을 지배하는 것이다.

행복하려면 감정을 잘 다스려야 한다. 감정을 잘 다스리지 못하는 사람들을 보면 '욱'하는 감정을 참지 못하고 화를 자주 낸다. 화를 나게 한 원인이 다른 데 있는데도 엉뚱한 사람에게 화풀이하기도 한다. 그 결과, 점점 감정이 무뎌질 뿐만 아니라 감정 자체를 속이게 된다. 그래서는 절대 행복할 수 없다.

오늘 아침 일어날 수 있으니 이 얼마나 행운인가! 나는 살아있고, 소중한 인생을 가졌으니 낭비하지 않을 것이다. 나는 나 자신을 발전시키고, 타인에게 나의 마음을 확장해 나가기 위해 모든 기운을 쏟을 것이다. 내 힘이 닿는 데까지 타인을 이롭게 할 것이다.

- 달라이 라마

자신이 원하는 행복한 삶을 살려면 감정 다스리기가 필수다. 매일 아침 눈 뜨며 생각하자. '오늘 아침 일어날 수 있으니 이 얼마나 행운인가!' 이런 행복한 감정으로 아침을 맞이한다면 누구나 행복한 하루를 살 수 있다.

오늘 행복하려면 어제의 기분을 오늘까지 이어지게 해선 안 된다. 어제의 좋지 않은 기분은 아침에 눈 뜸과 동시에 떨쳐버려야 한다. 지나간 일에 얽매이는 것은 새로운 출발을 막을 뿐이다. 오늘은 지나간 날의 실수를 되풀이하지 않는 하루여야 하며, 새로운 비전을 바라보며 행동하는 하루여야 한다. 그러자면 어제와는 다른 기분으로 전환해야 한다.

감정 다스리기는 세상을 좀 더 여유롭고 아름답게 느끼게 한다. 세상을 보는 관점이 바뀌었다는 것은 행복을 누릴 수 있는 마음가짐이 되었다는 것이다. 그렇게 되면 주변 환경에 휘둘리지 않고 스스로 행복을 찾을 수 있다. 또한, 행복한 삶을 원한다면 행복한 마음부터 가져야 한다. 불편한 현실이 행복을 가로막더라도 마음마저 힘든 현실에 내줘선 안 된다. 노력 역시 필수다. 자신이 행복하지 않으면 무엇도 필요 없다. 내가 행복함을 느낄 때 비로소 미래를 향한 의욕이 생길 뿐만 아니라 사소한 일에도 감사할 수 있기 때문이다.

한 단계 더 성장하고 싶다면, 스스로 행복해야 한다. 세상은 마음먹기 나름이다. 하루에도 열두 번 넘게 감정은 수시로 변한다. 의욕이 넘치다가 축 처지기도 하고, 만사가 귀찮아지기도 하며, 화가 마음 전체를 차지해 급속히 우울해지기도 한다. '열심히 살아보겠다.'라며 다짐해보지만, 그때뿐. 생각과 달리 다른 방향으로 감정이 흐르기 일쑤다. 하지만 행복을 향한 확고한 마음만 있다면 천방지축으로 움직이는 감정을 충분히 제어할 수 있다.

나는 어제보다 나은 오늘을 만들기 위해 나만의 방식으로 노력하고 있다. 그만큼 행복한 삶을 원한다. 나는 아침에 눈뜰 때마다 '나는 행복하다.'라고 마음속으로 외친다. 그런 사소한 습관이 하루를 의미 있게 만드는 힘이 되기 때문이다. 어떤 현실에 처해있느냐는 문제가 되지 않는다. 지금 어떤 마음이냐가 중요하다. 힘든 현실에 처해 있을수록 마음의 주파수를 행복에 맞춰야 한다. 또한, 내면의 감정 역시 잘 다스려야 하며, 사소한 것에도 감사하는 마음을 가져야 한다. 그것이 몸에 배면 세상은 행복한 일로 가득 채워진다.

우리가 성공을 꿈꾸는 이유 역시 행복해지기 위해서다. 하지만 눈에 보이는 것과 물질에서 행복을 찾는 것은 삶의 만족과 행복을 멀어지게 하는 지름길이다.

••• 행복은 마음에서 온다. 행복은 우리가 당연히 누려야 할 의무다. 따라서 주위 환경과 타인으로 인해 우리가 행복할 권리를 절대 짓밟혀선 안 된다. 나아가 자신의 감정을 행복 주파수에서 벗어나지 않게 해야 한다. 자신의 뇌리에 각인되도록 '나는 행복하다.'라는 말을 습관적으로 외쳐라. 특히 아침에 눈 뜨면 가장 먼저 '나는 행복하다.'라고 외치자. 힘들고 어려운 일에 부딪히더라도 마음의 주파수를 행복에 고정해야 한다. '오늘 아침에 일어날 수 있으니, 이 얼마나 행운인가!'라며 사소한 것부터 감사하는 마음으로 사물을 바라본다면 불행은 저절로 멀어질 것이다.

02

CHAPTER 04

내면의 힘을 키우는
독서의 힘

나는 커피숍을 좋아한다. 따뜻한 커피 한 잔을 즐기면서 책을 읽기도 하고, 글도 쓴다. 커피숍은 나를 성장시키는 곳이다. 과거 커피숍은 커피를 마시며 이야기를 나누던 곳이었다. 그 때문에 혼자 커피숍에 가는 일도 흔치 않았을뿐더러 책을 읽는 일은 꿈도 꾸지 못했다. 하지만 지금은 달라졌다. 예전과는 분위기부터가 사뭇 다르다. 노트북으로 업무도 보고, 책도 읽으며, 혼자 사색을 즐겨도 전혀 이상하지 않다. 혼자서 커피를 마시며 그 문화를 즐길 수 있는 곳으로 변했기 때문이다.

커피숍 분위기와 어울리는 따뜻한 커피 한 잔은 기분을 좋게 한다. 그 상태에서 책을 읽으면 더욱 깊이 와 닿는다. 그런데 집에서 책을 읽으려면 큰마음 먹고 읽어야 한다. 집중이 잘되지 않을뿐더러 이일 저일 챙겨야 할 일이 많기 때문이다. 그러다 보니 몰입하기가 쉽지 않아 몇 장 읽기도 전에 포기하는 경우가 많다.

책은 우리 삶의 길잡이 역할을 한다. 그 때문에 책이 우리 삶에 미치는 영향력은 실로 대단하다. 힘든 시련과 역경을 이겨내는 내면의 힘을 키워주기 때문이다.

나 역시 책의 도움을 많이 받았다. 힘들 때마다 내가 바로 설 수 있게 잡아준 것은 친구도, 부모도, 이웃도 아닌 책이었다. 그 때문에 아무리 힘든 상황에서도 손에서 책을 놓지 않았다. 책은 나약해진 나를 강하게 만들었으며, 절망에서 희망을 보게 했고, 용기를 주었고, 꿈을 놓지 않게 했다. 생각건대, 책이 없었다면 고난과 시련을 극복하기가 무척 힘들었을 것이다. 그런 점에서 책은 나의 버팀목이자 삶의 스승이다.

통계에 따르면, 2017년 우리나라 성인 10명 중 4명은 1년 동안 책을 단 한 권도 읽지 않았다고 한다. 책을 읽은 사람의 독서량도 10권이 채 넘지 않았다. 시간이 없어서 책을 읽지 못한다는 게 가장 흔한 변명이었다. 학업 및 취업 준비, 직장생활로 인해 시간적 · 정신적 여유가 없다는 것이다. 하지만 독서를 위해서 따로 시간을 낼 필요는 없다. 하루 10분, 20분만으로도 충분하기 때문이다. 중요한 것은 책 읽는 습관을 만드는 것이다. 하루 몇 분의 여유도 내기가 힘들다면, 일주일에 한 번이라도 책 읽는 습관을 들여야 한다. 그런 점에서 커피숍만큼 책을 읽기 좋은 곳도 없다.

카페 소음은 백색소음과 유사하다. 백색소음은 심신이 안정될 때 나오는 알파파를 유도하며, 산만할 때 나오는 베타파를 감소시켜 집중력과 기억력은 향상하고, 스트레스는 감소시켜 학습 시간을 단축하는 효과가 있다.

한국산업심리학회 연구 결과에 따르면 정적 상태보다 백색 소음을 들을 때 집중력은 47.7%, 기억력은 9.6% 향상하고, 스트레스는 27.1% 감소한다. 또 학습 시간을 13.6% 단축하는 효과가 있다. 한 음향 전문가는 "대부분 사람이 잘 들을 수 없는 50Hz 미만의 저주파 소리를 지속해서 들으면 주변 소음을 상쇄시키는 효과가 있다."라며 "개인마다 효과는 다르겠지만, 산업적으로는 이미 백색 소음을 널리 활용하고 있다."라고 말했다. 예를 들면, 백화점에서 나오는 음악은 각 매장에서 고객과 점원이 대화하는 웅성거리는 소리를 감소시키는 효과가 있다고 한다.

-《한국일보》, 2014년 12월 12일

커피숍은 꿈을 이루는 장소이기도 하다. 예컨대, 세계적인 문호 어니스트 헤밍웨이는 단골 카페 'La Closerie des Lilas'를,《해리포터》를 쓴 조앤 K. 롤링은 에든버러의 여러 카페를, 버락 오바마 전 미국 대통령의 취임 연설문을 쓴 존 파브로는 '스타벅스'를 작업실 삼아 일하며 원하는 꿈을 이루었다.

나는 커피숍을 다양한 용도로 활용한다. 책을 읽기도 하지만, 희망을 꿈꾸며 미래를 계획하기도 한다. 또한, 일과를 돌아보며 내일을 생각하는 마음의 여유를 찾는 장소로 활용하기도 하며, 마음속 찌꺼기를 비우고 삶을 재충전하는 나만의 힐링 공간으로 활용하기도 한다.

••• 독서는 내면의 근육을 단련하는 최고 비결이다. 몸의 근육은 우리 몸을 강하게 만든다. 하지만 몸의 근육 못지않게 내면의 근육 역시 필요하다. 건강한 정신이 밑바탕 되어야만 건강한 체력도 유지할 수 있기 때문이다. 내면이 나약하면 삶의 의욕이 생기지 않을뿐더러 미래의 꿈과 목표 역시 상실할 수 있다. 그러므로 내면의 근육을 단단하게 하는 것은 현재와 미래의 행복을 위해서도 꼭 필요하다. 하루 20분이면 충분하다. 만일 그조차 힘들다면 일주일에 한 번이라도 책을 들고 커피숍으로 향하자. 책은 삶의 방향을 올바로 잡아주는 스승이자, 자신의 꿈을 이룬 사람들의 생생한 조언을 얻을 수 있는 보물 창고와도 같다.

03

CHAPTER 04

꿈을 시각화하라

행복한 삶을 살려면 그에 걸맞은 하루를 살아야 한다. 미래는 현재의 청사진이기 때문이다. 그렇다고 해서 조급해할 필요는 없다. 중요한 것은 지금, 이 순간이다. 오늘 우리가 어떤 마음, 어떤 각오로 사느냐가 중요하다. 과거의 실수는 잊어라. 자신을 더욱 성장시키는 계기로 삼으면 된다.

어떤 미래를 원하는가? 미래는 현재의 자기 생각과 행동이 만든다. 또한, 그것은 끊임없이 변한다. 즉, 마음먹기에 따라서 얼마든지 바꿀 수 있다. 현실이 아무리 힘들어도 우리가 다시 일어설 수 있는 건 미래라는 희망이 있기 때문이다. '나는 내가 원하는 삶을 살 것이다.'라는 믿음과 확신을 가져라. 포기만 하지 않으면 언젠가는 현실이 된다.

삶은 믿음대로 이루어진다. 문제는 많은 사람이 그것을 믿지 않는다는 것이다. 눈에 보이지 않는 것에 대한 믿음이 없기 때문이다. 하지만 우리가 사는 세상은 보이지 않는 것에 의해 움직이고 있다. 예컨대, 공기는 우리가 사는 데 있어 꼭 필요한 물질이지만, 눈에 보이진 않는다. 그런데도 누구나 그것의 존재를 인정한다. 중력과 에너지 역시 마찬가지다. 사랑 역시 눈에 보이지 않는다. 하지만 그 힘은 실로 대단하다. 믿음과 확신의 힘 역시 눈에 보이지 않지만, 한 사람의 삶을 좌우할 만큼 매우 중요하다.

보이지 않는 힘은 세상을 움직이고, 한 개인의 삶을 바꾸기도 한다. 나폴레옹, 아인슈타인, 조지 워싱턴, 앤드루 카네기, 월트 디즈니, 빌 게이츠, 워런 버핏 역시 그 힘을 믿고 마음속의 꿈을 현실로 만들었다.

꿈의 시각화는 세상을 바꾼다. 우리 주변 사물들을 보면 그 사실을 알 수 있다. 예컨대, 비행기, 자동차, 전화기, 세탁기, 냉장고, 컴퓨터 등은 보이지 않는 인간의 상상력이 만들어냈고, 우리 삶을 크게 바꾸었다. 앞으로도 인간의 상상력은 생각하지 못한 것들을 만들어낼 것이다. 이렇듯 내면의 힘은 보이지 않는 것을 보이게 하고 환경을 바꾼다.

자신이 원하는 세상을 만들기 위해서는 꿈을 확신하고, 그것을 시각화하는 연습이 필요하다. 삶의 변화를 위해서도 꿈의 시각화는 필수다.

꿈의 한계는 삶의 한계를 만든다. 무엇을 선택하건 자기 마음이지만, 고난과 역경에서 벗어나고 싶다면 '꿈은 이루어진다.'라는 사실을 믿고 그것을 시각화해야 한다. 꿈은 결국 현실이 된다. 다만, 자신의 의구심과 두려움이 그것을 가로막을 뿐이다.

원하는 꿈을 이루려면 수많은 실패와 시련을 겪어야 한다. 물론 능력이 매우 탁월하거나 운이 좋으면 단 몇 번의 시도만으로도 충분히 성공할 수 있다. 하지만 그런 사람은 거의 없다. 대부분 수없이 넘어지고 깨지면서 성공이라는 달콤한 열매를 얻는다. 중요한 것은 자신의 내면의 힘을 믿고 포기하지 않는 것이다. 단언컨대, 그렇게 하는 것과 하지 않는 것의 차이는 성공한 사람과 실패한 사람의 차이만큼이나 크다. '꿈을 이루었다.'라는 확신과 믿음으로 어떤 난관에도 굴하지 않고 행동한다면, 세상은 내 편이 된다. 나아가 상상은 현실이 된다.

지금의 나는 과거 내 생각과 행동이 만든 결과물이다. 마찬가지로 오늘 내 생각과 행동이 모여서 나의 미래가 된다.

지금 글을 쓰는 내 모습은 과거의 내가 가슴속에 품었던 일이다. 하지만 이를 현실로 만들기까지는 많은 우여곡절이 있었다. 때로는 고난과 시련 앞에서 꿈을 접어야 할 때도 있었다. 그때는 글을 쓰는 내 모습을 감히 상상조차 할 수 없었다. 그런 상황에서 벗어나기 위해 몸부림쳤지만, 그럴수록 더 힘들었다. 중요한 것은 환경이 아니다. 아니, 환경은 당장 바꿀 수도, 쉽게 벗어날 수도 없다. 생각과 마음이 중요하다. 그것이 지금 처한 환경에서 가장 빨리 벗어나는 방법이다.

••• 원하는 삶을 시각화하는 것은 목표를 이루는 가장 강력한 수단이 된다. 무엇을 생각하고 바라느냐에 미래가 달라지기 때문이다.

성공하는 삶을 살고 싶다면 성공한 사람들의 생각 습관을 본받아라.

그리고 그것을 적극적으로 실천하라. 절대 환경과 세상 탓을 해선 안 된다. 그것은 과거의 자기 생각이 만들어낸 핑계에 불과하다.

CHAPTER 04

자기 확신과 믿음의 힘

미래를 걱정하지 않는 사람은 없다. 대부분 사람이 볼 수 없고, 알 수 없는 미래를 불안해한다. 현재의 삶이 힘든 사람일수록 더욱더 그렇다. 주목할 점은 그러면서도 행복한 미래를 꿈꾼다는 것이다. 희망의 끈을 놓고 싶지 않기 때문이다.

미래가 있다는 것은 큰 축복이다. 현재의 삶이 아무리 힘들어도 자신의 선택과 노력에 따라 얼마든지 그것을 바꿀 수 있기 때문이다. 보이지 않는 것에 대한 두려움은 앞으로 나아가는 길을 가로막는 장해물에 불과하다.

당신은 과연 어떤 삶을 원하는가? 만일 지금 당신이 원하지 않는 삶을 살고 있다면 자신에 대한 믿음과 확신이 필요하다. 자신을 믿지 못하는 것은 방향 잃은 배를 타고 있는 것과 같기 때문이다.

살다 보면 상황에 따라 이리저리 흔들릴 때가 있다. 하지만 그런 유연함이 있기에 삶을 바꿀 수 있는 여지가 있는 것이다. 예컨대, 삶의 방향을 잡지 못해 혼란스러운 상황에서도 긍정적인 생각을 한다면 올바른 선택을 할 수 있다.

원하는 방향으로 나아가기 위해서는 순간순간의 선택이 중요하다. 현명한 선택을 하려면 긍정적인 생각을 바탕으로 원하는 삶을 확신하고, 믿고, 다짐하는 말을 해야 한다. 스스로 하는 다짐의 말은 강한 신념이 된다. 그만큼 자기 확신과 믿음은 중요하다. 삶의 방향을 알려주는 지표가 되기 때문이다.

자기 확신이 담긴 맹세에는 원하는 것을 얻을 수 있는 엄청난 창조력이 숨어 있다. 그러나 말만 해서는 안 된다. 스스로 말한 것을 믿어야 한다. '나는 건강하다, 나는 잘산다, 나는 이렇다저렇다.'라고 말하면서도 믿지 않는다면, 그 말에서 아무런 도움도 얻지 못할 것이다. 그렇게 느끼건 아니 건 그렇게 느껴야 한다고, 그렇게 느낄 것이고, 그렇게 느낀다고 확신하라. 지금 그렇게 하고 있건 아니건, 당신은 최선을 다할 수 있는 능력을 자기 내부에 갖고 있다. 당신의 확신을 말하고, 그것을 굳게 믿어라. 그러면 원하는 것을 실현할 수 있다.

- 오리슨 스웨트 마든, 《Success Magazine》 창업자

'나는 잘할 수 있어.'

이런 믿음과 확신이 나를 지금껏 쓰러지지 않게 했고, 나를 일으켜 세웠다. 그런 믿음과 확신이 씨앗이 되어 지금의 나를 있게 했다.

두려움과 불안함은 미래를 어둡게 하는 가장 큰 요인이다. 그런 점에서 확신의 말은 두려움과 불안함을 없애는 최고의 처방이다. 주위를 살펴보면 부정적인 생각과 미래에 대한 걱정으로 인해 현재의 삶조차 곤경 속에 빠트리는 사람이 적지 않다. 그들은 입만 열면 이렇게 말하곤 한다.

"나는 하는 일마다 왜 이리 안 될까?"

"나 같은 사람이 그런 일을 할 수 있겠어?"

"내 팔자가 그렇지 뭐."

부정적인 생각과 말을 일삼는 사람치고 성공한 사람은 거의 없다. 아무리 어렵고 힘들더라도 긍정적으로 생각하고 확신에 찬 말을 해야 한다. 긍정적인 생각과 확신의 말은 고난과 시련을 이기는 에너지가 되기 때문이다.

누구도 미래를 볼 수는 없다. 하지만 '나는 잘될 수 있어.', 내가 원하는 삶을 살 수 있어.'라는 확신의 말로 희망을 바라보고 긍정을 얘기하면, 지금의 어려움은 잠시일 뿐 행복이라는 새로운 삶과 만날 수 있다.

갑자기 몰려든 시련으로 인해 매우 힘들었을 때 나는 아침 산책을 통해 그것을 극복했다. 운동이 목적이 아니었다. 나에 대해 깊이 생각하는 시간을 갖고 싶었다. 나는 집에서 차로 10분 정도 떨어진 곳을 매일 아침 천천히 걸으며 내 삶을 되돌아봤다. 그러면서 힘든 현실에서 잠시 나를 떼어놓으며 내면을 긍정적인 생각과 확신의 말로 가득 채웠다.

'나는 내가 원하는 것을 현실로 만들 수 있어.'

그러자 희망이라곤 도저히 보이지 않을 것만 같던 삶이 조금씩 달라지기 시작했다.

힘든 현실은 삶을 두려움의 소굴로 몰아넣는다. 두려움이라는 삶의 틀 속에 갇히고 싶지 않다면, 자신의 내면을 더욱더 강하고 단단하게 단련해야 한다. 그러자면 믿음과 확신의 말로 내면을 채워야 한다. 어떤 생각으로 내면을 채우느냐에 따라 미래는 달라진다. 확신의 말은 어떤 고난에도 우리를 넘어지지 않게 하는 강한 버팀목이 된다.

••• 삶은 아스팔트길이 아닌 거친 산길을 오르는 것과도 같다. 오르막이 있고 내리막이 있는 그 길을 걷다 보면 누구나 수없이 넘어지고 깨진다. 그런 거친 길에서 앞으로 나아갈 수 있게 하는 힘은 자신의 내면의 소리다. 긍정적인 확신의 말로 내면을 가득 채워라. 그래야만 어떤 난관에서도 자신을 일으켜 세울 수 있다.

확신의 말을 신념 삼아 원하는 삶을 향해 나아가라. 새로운 내일이 오늘의 나를 반길 것이다. 아무리 거친 파도가 몰아치더라도 '나는 그 파도를 헤치고 잔잔한 바다로 나아갈 수 있다.'라는 신념과 확신, 그리고 원하는 파라다이스를 찾을 수 있다는 믿음이 삶을 바꾼다.

05

CHAPTER 04

사소한 일에서 행복 찾기

행복은 인간의 원초적 본능이다. 그만큼 누구나 행복을 원한다. 우리가 열심히 일하는 이유 역시 행복하기 위해서다. 아이와 함께하는 시간을 포기하면서까지 앞을 향해 열심히 달리는 것도, 내일을 위해 오늘을 희생하는 것도 결국은 행복하기 위해서다.

우리는 더 나은 삶을 위해 뛰고 또 뛴다. 그것이 잘못되었다는 것은 아니다. 하지만 내일의 행복을 위해 오늘을 포기할 필요까진 없다. 과연, 오늘 행복하지 않은데 내일 행복할 수 있을까? 내일 행복하려면 오늘 역시 행복해야 한다. 절대 오늘을 희생해선 안 된다.

아주 작은 것에도 행복의 의미를 부여하자. 행복은 절대 잡지 못하는 신기루가 아니다. 일정 조건만 갖추면 누구나, 언제든지 행복할 수 있다.

행복하려면 감사하는 마음을 가져야 한다. 우리에게 주어진 모든 것에는 다 나름의 의미가 있다. 단지 너무 당연해서 그 의미를 생각하지 않을 뿐이다. 우리 삶 역시 마찬가지다. 행복하려면 그런 것 하나하나의 의미를 파악하고 감사하는 마음을 가져야 한다. 아무리 지치고 힘들어도 길가에 핀 꽃을 보며 잠시 미소 짓는 여유를 갖자. 그러다 보면 놀이터에서 천진난만하게 뛰어노는 아이들을 보면서도 행복할 수 있고, 더운 날 아이스커피 한 잔에도 충분히 행복할 수 있다.

'소확행'이란 말이 유행처럼 번지고 있다. '소확행'이란 일상에서 느끼는 '작지만 확실한 행복'을 말한다. 이 말을 처음 한 사람은 일본 소설가 무라카미 하루키다.

> 갓 구운 빵을 손으로 찢어 먹는 것, 오후의 햇빛이 나뭇잎 그림자를 그리는 걸 바라보며 브람스의 실내악을 듣는 것, 서랍 안에 반듯하게 접어 넣은 속옷이 잔뜩 쌓여 있는 것, 겨울밤 부스럭 소리를 내며 이불 속으로 들어오는 고양이의 감촉…
>
> – 《랑겔한스섬의 오후》 중에서

이렇듯 '소확행'이라는 말 속에는 우리가 미처 알지 못했던 행복의 비밀이 숨어 있다. 비록 큰일은 아니지만, 생각만으로도 가슴 설레고 즐거운 일! 이것이 바로 진정한 행복 아닐까.

가족과 외식하러 가던 중 친구에게 다급한 전화가 걸려온 적이 있다. 갑자기 허리가 아파서 꼼짝할 수 없을뿐더러 숨쉬기조차 힘들다는 것이었다. 나 역시 몇 달 전 똑같은 증상으로 응급실에 실려 간 적이 있기에 전화한 것이다. 나는 친구에게 119를 부르라고 한 후 간병인 병실이 있는 병원을 알려주었다. 그리고 친구 남편에게도 연락해서 매우 급한 상황을 알렸다. 다행히 친구는 병원에 입원하지 않고 곧 회복했다.

"아프면 그 무엇도 소용없다."

하지만 우리는 이 말을 망각하고 산다. 아파지고 나서야 비로소 건강의 중요성을 새삼 깨우친다. 그러다 보니 평소 건강한 몸에 감사하는 마음 역시 없다. 하지만 아파서 눕게 되면 빨리 완쾌해서 일어나는 것이 최고의 행복 조건이 된다. 건강한 몸 그 자체가 행복의 조건이 되는 셈이다.

나는 집에서 차로 20분 거리에 있는 사우나를 즐겨 찾는다. 그곳에 가는 것이 얼마나 즐겁고 행복한지 모른다. 좋아하는 노래를 들으며 그곳에 가는 그 시간이 정말 행복하다. 사우나를 하면서 복잡한 생각을 정리하는 때 역시 마찬가지다. 또한, 즐겨 찾는 공원의 테라스가 있는 커피숍에서 마시는 달콤한 커피 한잔과 살랑거리는 바람, 집안일을 끝내고 라디오에서 흘러나오는 음악을 듣는 일 역시 나를 행복하게 한다.

행복을 느끼는 감정은 특별한 것이 아니다. 누구나 일상에서 충분히 느낄 수 있다. 그것은 생각을 긍정적이게 하며, 위기에서 일어서는 힘을 준다. 또한, 불안하고 조급한 마음을 감싸주며, 여유로운 감정을 갖게 하고, 희망을 샘솟게 한다.

행복을 선택하는 습관을 갖자. 봄이면 척박한 땅에서도 파릇파릇한 풀이 흙을 뚫고 세상 밖으로 나오듯 우리 역시 행복의 싹을 돋게 하자.

●●● 작은 것에서도 행복을 느끼는 여유를 갖자. 나아가 행복을 선택하는 습관을 지녀야 한다. 마음이 행복을 택하면 누구나 행복한 삶을 살 수 있다.

우리는 언제나 선택의 갈림길에 서 있다. 행복 역시 선택에 의해 좌우된다. 부정적인 마음과 긍정적인 마음은 항상 쌍둥이처럼 우리 마음속에 존재한다. 상황에 따라 두 마음 중 하나를 선택하게 되어 있다. 그것은 오직 자신만이 할 수 있다. 평소 사소한 것에 감사한 마음을 갖고 있으며, 소소한 일상에서 행복을 찾는 마음이 습관화되어 있다면, 누구나 현명하고 올바른 선택을 할 수 있다.

자신을 돌보지 않고, 잡히지 않는 것을 잡기 위해 안간힘 쓰면서 살면 진정한 행복을 누릴 수 없다. 거기에는 지나친 욕심이 들어 있고, 만족을 모르며, 감사하는 마음이 없기 때문이다. 진정한 행복을 누리려면 마음을 비우고, 만족해하며, 진심으로 감사하는 마음을 가져야 한다.

06

CHAPTER 04

행복의 필수조건, 감사

삶은 예측불허의 연속이다. 잘 풀릴 듯싶다가도 어느 순간 꼬이는 것이 다반사다. 원하는 것을 이루는 순간에는 전혀 두려울 것이 없다. 어떤 일도 할 수 있을 것 같은 자신감과 열정으로 가득하기 때문이다. 하지만 자신감과 열정만으로 모든 일에 성공할 수는 없다.

감사하는 마음은 삶을 풍요롭게 한다. 아무리 힘든 고난에 부딪혀도 감사하는 마음이 내면에 자리하고 있으면 행복을 느낄 수 있기 때문이다. 또한, 감사하는 마음은 현재의 삶을 최고로 생각하게 하며, 겸손하게 하고, 어떤 난관도 극복할 수 있는 용기를 준다. 그러므로 사소한 일에도 감사하는 마음을 가져야 한다. 하지만 매일 반복되는 일상에 익숙한 나머지 그렇게 한다는 게 말처럼 쉽지 않다. 감사하는 마음을 갖기는커녕 무심코 지나기 일쑤기 때문이다. 그 결과, 지금 자신이 누리고 있는 것을 당연히 주어지는 것으로 생각하고, 일이 잘되는 것 역시 자기 덕분이라고 생각한다.

많은 사람이 감사하는 마음을 갖는 것을 어려워한다. 받아야만 감사한 것이 아니다. 자신을 지탱하는 모든 것에 감사하는 마음을 가져야 한다. 그것은 자신을 더욱 가치 있게 하며, 자신을 치유하는 최고의 선물이다. 감사하는 마음 없이 불평불만으로 가득하다면 세상은 빛이 들지 않는 암흑으로 변할 것이다. 그렇게 되면 희망이 없으며, 자신의 존재 의미조차 망각하게 된다. 그 결과, 자신을 탓하고, 환경을 탓하게 된다.

> 세상에서 가장 강한 사람은 자기를 이기는 사람이고, 가장 부유한 사람은 만족할 줄 아는 사람이며, 가장 지혜로운 사람은 배우는 사람이고, 가장 행복한 사람은 감사하며 사는 사람이다.
>
> -《탈무드》

감사하는 마음은 궁핍함과 부족함을 느끼지 않게 한다. 현재의 삶을 최고로 생각하기 때문이다. 그러므로 모든 일에 감사하는 마음을 갖는다면 삶이 더욱더 소중하고 윤택하게 느껴질 것이다.

사람은 망각의 동물이다. 예컨대, 우리는 감사한 일이 생겼을 때 진심으로 감사함을 느낀다. 하지만 그때뿐, 또다시 힘든 일이 생기면 그것에 집중해 자신을 괴롭힌다. 감사하는 마음을 가지려면 마음 그릇이 넓어야 한다. 작은 그릇 안에서는 당면한 문제밖에 볼 수 없기 때문이다.

자기 마음 그릇은 자신이 정한다. 마음 그릇이 넓을수록 자신을 포용하는 마음과 감사하는 마음 역시 커진다. 그런 점에서 감사하는 마음이야말로 행복의 최고 비결이라고 할 수 있다. 물질의 풍요가 만드는 행복은 한계가 있다. 하지만 감사하는 마음은 다르다. 어떤 상황에서도 행복할 수 있기 때문이다. 또한, 감사하는 마음과 함께 어우러진 행복은 긍정적인 삶을 사는 에너지가 된다. 긍정 에너지는 자신이 바라는 것을 이루게 하는 도구이자 삶의 기쁨을 낳는다.

감사하는 마음이 없으면 욕심과 불평이 삶을 피폐하게 한다. 더 갖고 싶고, 더 소유하고 싶은 욕망이 공허함을 느끼게 하며, 감사하는 마음을 방해하는 것이다. 그런데도 우리가 감사함을 느끼지 못하는 이유는 가질 수 없는 것에 연연하며 자신을 괴롭히기 때문이다.

가치 있는 삶을 살려면 자신이 가진 소중한 것에 감사해야 한다. 그 마음은 메마른 땅에 피어나는 꽃과 같이 희망을 주며 행복을 느끼게 한다.

힘든 난관에 부딪혔을 때 감사하는 마음이 있다면 제대로 된 해결 방안을 제시할 수 있다. 따라서 고난에 처할수록 마음을 평온하게 다스려야 한다. 마음이 혼란스러우면 제대로 된 판단과 선택을 할 수 없기 때문이다. 그런 점에서 감사하는 마음은 잔잔한 바다에서 자신이 가고자 하는 삶의 방향으로 순조롭게 나아가도록 하는 나침반과도 같다.

••• 감사하는 마음은 마음의 여유를 갖게 한다. 마음의 여유는 자신이 처한 문제를 잘 해결하는 기초가 되며, 인간관계 갈등, 금전적인 문제, 건강 문제 등 현실적인 문제를 지혜롭게 해결할 수 있게 하고, 미래를 향해 나아가는 힘이 된다. 그러므로 어떤 환경에서도 행복을 느끼고, 원하는 삶을 살려면 감사하는 마음을 가져야 한다. 과연, 어떻게 하면 감사하는 마음을 가질 수 있을까.

불평불만을 버릴 때 진정으로 감사하는 마음을 가질 수 있다. 예컨대, 삶이 뜻대로 되지 않아 실의에 빠져 있다면 현실과 자신을 탓할 것이 아니라 새로운 삶을 위한 강력한 도구가 필요하다. 그 강력한 도구가 바로 감사하는 마음이다.

지금 자신이 가진 것들에 대해 감사해 하자. 계단을 하나씩 밟아 올라가듯 천천히 올라가다 보면 어렵지 않게 정상까지 갈 수 있다. 미국의 심리학자 제임스 깁스 박사는 이와 관련해서 이렇게 말한 바 있다.

"손안에 얼마나 많은 것을 쥐었는지는 당신의 행복과 아무런 관계가 없다. 당신의 마음속에 감사하는 마음이 없다면 당신은 파멸의 노를 젓고 있는 것이다. 다른 공부보다 먼저 감사할 줄 아는 방법부터 배우라. 감사의 기술을 배울 때 당신은 비로소 행복해진다."

07

CHAPTER 04

믿는 대로 이루어진다, 긍정의 힘

삶은 우리 의도와 상관없이 환경의 영향을 받는다. 예컨대, 우울하고 불안함이 마음에 자리하고 있으면 삶 역시 우울하고 불안해진다. 그렇게 되면 행복과는 거리가 먼 삶을 살게 된다. 우울과 불안함은 자신이 가야 할 길로 가지 못하게 하는 걸림돌이다. 그런 부정적인 마음이 내면에 자리한다면 해야 할 일을 제대로 하지 못하게 할 뿐만 아니라 하고 싶은 의욕 또한 생기지 않는다. 자신이 원하는 삶을 살고 싶다면 그런 부정적인 마음에서 벗어나야 한다.

파란 하늘, 빛나는 태양, 옥색 바다, 푸른 숲을 떠올려보자. 그것을 떠올리는 것만으로도 충분히 기분이 좋아진다. 이렇듯 기분 좋은 상상은 부정적인 마음에서 벗어나는 데 있어 큰 도움이 될 뿐만 아니라 자신이 처한 문제의 해답을 찾을 수 있게 한다.

난관에 부딪혔을 때 더 깊은 수렁으로 빠지는 것 같은 이유는 그것이 자기 자신을 더 괴롭히기 때문이다. 상황을 변명 삼아 자신을 더욱더 파괴하고 무너뜨리는 셈이다. 부정적인 마음은 자신의 성장과 삶을 방해할 뿐이다. 생산적이며, 풍성하고, 평화로운 삶을 위해서는 자기비하적인 사고에서 벗어나야 한다. 나아가 비합리적인 믿음에서도 벗어나야 한다.

긍정적인 생각이야말로 원하는 것을 이루게 하는 힘이다. 만일 지금 자신이 원하는 삶을 살고 있지 않다면 자신의 가치관과 삶의 방식을 점검할 필요가 있다. 더는 힘든 상황에 자신을 내버려둬선 안 된다.

가슴 뛰는 삶을 살며 목표에 집중하면 100% 이상 능력을 발휘할 수 있다. 가슴 뛰는 삶은 부정적인 마음에서는 절대 누릴 수 없다. 그것은 긍정적인 마음이 바탕이 되어야만 가능하다. 예컨대, 우리 뇌는 부정적인 생각과 긍정적인 생각을 동시에 할 수 없다. '즐겁다'고 생각할 때는 '괴롭다'는 생각이 끼어들 여지가 전혀 없기 때문이다.

긍정 습관은 우리가 가고자 하는 삶의 길로 안내한다. 따라서 지금보다 더 나은 삶을 살고 싶다면 더욱 긍정적인 삶을 살아야 한다. 긍정 마인드는 우리를 절대 힘든 상황으로 내몰지 않는다.

성공한 사람들은 어떤 난관과 고난에 부딪혀도 긍정적인 생각을 멈추지 않았다. 부정적인 생각으로 성공한 사람은 없다. 그러니 자신의 삶을 밝게 수놓고 싶다면 부정적인 생각을 뿌리치고 긍정적인 삶을 살아야 한다. '나는 할 수 없어.', '나는 운이 없어.'와 같은 부정적인 생각은 또 다른 실패를 부를 뿐이다.

가슴을 활짝 펴고, 생각만 해도 기분 좋은 이미지를 떠올려라. 나아가 원하는 삶을 사는 자신의 모습을 떠올려라. 그것만으로도 얼마든지 하고자 하는 의욕을 불러일으킬 수 있다.

삶은 선택에 의해 그 향방이 갈린다. 부정적인 마음을 고수할 것인지, 긍정적인 마음으로 전환할 것인지는 자기 자신만이 선택할 수 있다. 부정적인 사고로 인한 두려움과 불안함으로 한 걸음도 나아가지 못하는 어리석은 삶을 살아선 안 된다. 부정적인 사고는 가슴 속에 절망만 가득 심을 뿐이다.

스스로 만든 틀로 인해 자신의 가치를 외면해서도 안 된다. 자신이 원하는 삶을 살려면 무엇보다도 긍정적인 마인드가 습관화되어야 한다. 밝은 미래를 꿈꾸는 삶, 꿈을 향해 도전하는 삶을 살기 위해서는 긍정적인 자기 암시가 필요하기 때문이다.

어떤 삶도 희망이 있다. 오늘이 위기라고 해서 내일도 위기는 아니기 때문이다. 지금 곤경에 빠져 있고 힘든 처지에 놓여 있다고 해서 죽을 때까지 그 안에서 허우적거리란 법은 어디에도 없다. 마음가짐과 생각에 따라 얼마든지 고난을 극복하고 원하는 삶을 향해 나아갈 수 있다. 우리 내면에는 고난을 헤쳐나갈 힘이 있다. 그 힘을 믿고, 사용할 때만 삶은 변한다.

역경을 잘 참고 이겨낸 사람들은 과연 어떤 마음 자세로 그것을 이겨

냈을까. 자신의 삶을 되돌아보면 금방 답이 나온다. 누구나 힘든 시기를 이겨낸 경험이 몇 번쯤 있기 때문이다.

'왜 이렇게 되는 일이 없지.', '역시 나는 할 수 없어.'와 같은 부정적인 말과 생각은 삶을 절대 바꿀 수 없다. 만일 그런 태도를 유지한다면 삶은 전진할 수 없다. 계속 그 안에 머물 뿐이다.

••• 긍정하고 또 긍정하라. 긍정의 삶이야말로 고난을 이기게 하며, 삶을 180도 바꾼다.

단순히 생각을 바꾼다고 해서 삶이 바뀐다면 그렇게 하지 않을 사람이 과연 있을까? 라며 의심할 수도 있다. 문제는 얼마나 치열하고 지속성이 있느냐이다. 삶을 바꾸려면 그만큼 내면과 치열하게 싸워야 한다. 나아가 '지금의 난관이 나를 절대 이길 수 없도록 달라지겠다.'라는 굳은 의지로 내면을 끊임없이 단련해야 한다. 물론 당장에야 그 변화가 보이진 않겠지만, 지속해서 강한 내면과 긍정적인 마인드로 자신을 무장한다면 머잖아 자신이 원하는 삶과 만날 수 있다.

08

CHAPTER 04

내 안에
숨은 열정 끌어올리기

친구와 1박 2일을 함께하며 여유로운 시간을 가진 적이 있다. 결혼 후 서로 멀리 떨어져 지내던 터라 이야기할 시간이 항상 부족했는데, 모처럼 속내를 거짓 없이 터놓을 수 있는 매우 유익한 시간이었다. 친구는 오래전 남편을 잃은 후 힘든 시간을 보냈다. 그러다 보니 얼굴에 항상 수심이 가득했고, 미래보다는 과거를 그리워했다. 그런데 그 친구가 점점 바뀌기 시작했다. 생각 역시 완전히 긍정적으로 바뀌었다. 그 계기는 운동이었다고 한다. 운동이 삶을 바꾼 것이다.

'나는 안 돼.'가 아닌 '나는 할 수 있어.'라고 생각만 바꿔도 세상을 살아가는 데 큰 힘이 된다. 하지만 적지 않은 사람이 자신이 만든 틀 속에 갇혀 생각을 바꾸려는 시도조차 하지 않는다. 변화가 두렵기 때문이다.

삶을 바꾸려면 생각과 행동이 변해야 한다. 예컨대, 지금보다 더 나은 삶을 원한다면 하루를 어떻게 보낼 것인지 진지하게 고민해봐야 한다. 그렇다고 해서 먼 미래까지 생각할 필요는 없다. 오늘 어떤 모습으로 살 것인지가 중요하다. 하루하루가 모여서 미래가 되기 때문이다. 특히 현실이 힘들수록 더욱더 그래야만 한다. 실의에 빠져 허우적거리며 시간을 허비해선 안 된다. 자신을 일으켜 세우는 생각이 머리와 가슴을 가득 채워야 한다. 절대 부정적인 생각에 굴복당해선 안 된다. 어떤 마음과 생각을 하느냐에 따라 내일은 달라진다.

나는 힘들 때마다 긍정적인 생각을 습관으로 만들기 위해 노력했다. 또한, '희망은 절대 없어.'라는 생각이 나를 괴롭힐 때마다 '그렇지 않아. 지금의 고난은 나를 더 잘되게 하기 위한 것일 뿐이야.'라며 스스로 다짐하며, 부정적인 생각에서 벗어나려고 했다.

두려움과 불안이 현실을 덮고 있다면 생각의 주파수를 긍정의 주파수로 바꿔야 한다. '나는 할 수 없어.'라는 생각을 할 때와 '나는 할 수 있어.'라는 생각을 할 때는 몸의 컨디션부터가 다르다. 예컨대, 부정적인 생각에 사로잡히면 모든 기운이 다 빠지는 듯해서 어떤 에너지도 끌어올릴 수 없지만, 긍정적인 생각은 삶의 의욕이 솟게 한다. '그래, 할 수 있어. 나는 내가 원하는 삶을 꼭 살 거야.'라는 생각이 내 안에 숨어 있는 열정을 끌어당기기 때문이다.

긍정적인 생각이 습관이 되면 행동 역시 변한다. 나아가 더 나은 나로 변화하고자 하는 열망이 가슴을 가득 메운다. 그렇게 되면 긍정적인 생각들이 뇌리를 스치고 행동을 끌어낸다. '삼십 분이라도 책을 읽어볼까.', '집안일을 빨리 끝내고 나만의 시간을 가져볼까.', '건강을 위해 운동을 해볼까.', '미래를 위해서 무엇이라도 배워볼까.' 등등.

오늘보다 나은 내일, 절망보다 희망을 원한다면, 지금 당장 나를 짓밟고 있는 부정적인 생각과 행동에서 벗어나라. 내게 도움이 되지 않는 습관은 인생을 갉아먹는 좀과도 같다. 이에 대해 캐나다의 작가이자 리더십 전문가인 로빈 S. 샤르마는 이렇게 말한 바 있다.

"특별한 삶은 매일 끊임없는 개선을 통해 만들어진다."

진심으로 원하는 삶을 살고 싶다면 변화는 필수다. 누구나 자신의 삶을 특별하게 만들 수 있다. 그러므로 지금보다 더 멋진 삶을 원한다면 긍정적인 생각과 행동으로 지금의 삶을 바꿔야 한다. 마음먹은 순간, 각자의 생각이 변화를 향해 움직이게 된다. 그러다 보면 자신의 상황에 맞는 생각이 맞춤형으로 떠오르는 것은 물론 무엇을 바꾸어야 할지, 어떻게 행동해야 할지도 저절로 알게 된다. 누구의 도움도 필요하지 않다. 단지 자기 생각만이 중요할 뿐이다.

••• 삶을 빛나게 하고 싶다면 생각을 움직여야 한다. 나아가 그런 생각이 행동으로 나타났을 때 삶 역시 원하는 방향을 향해 움직이게 된다. 내가 움직이지 않으면 세상은 절대 움직이지 않는다. 그러니 변화가 귀찮다면 지금의 자리에 계속 머물 수밖에 없다. 그런 사람들은 자신을 한

탄할 자격도 없다. 스스로 변화를 거부하는데 어느 누가 도움을 줄 수 있단 말인가.

부정적인 생각은 미래에 대한 걱정과 두려움만 부추길 뿐이다. 그것은 우리 삶에 절대 도움이 되지 않는다. 반면, 긍정적인 생각은 '발전하는 나'를 위한 행동을 생각하게 한다. 발전적인 행동은 하루를 뜻 있게 만들며, 스스로 보람을 느낄 수 있게 하고, 세상을 밝게 바라볼 수 있게 한다. 그 결과, 현실을 바라보는 시선 역시 변화시킨다.

삶은 아스팔트길이 아닌 거친 산길을 오르는 것과도 같다.
오르막이 있고 내리막이 있는 그 길을 걷다 보면 누구나 수없이 넘어지고 깨진다.
그런 거친 길에서 앞으로 나아갈 수 있게 하는 힘은 자신의 내면의 소리다.
긍정적인 확신의 말로 내면을 가득 채워라.
그래야만 어떤 난관에서도 자신을 일으켜 세울 수 있다.

CHAPTER 05

다시 시작하는 나에게

절대, 절대, 절대 포기하지 마라!
최악의 순간에도 가슴에 간직한 희망과 꿈을 포기하지 않는 사람만이
결국 성공한다.

__ **서진규, 〈희망연구소〉 소장**

01

CHAPTER 05

오늘의 실패가 내일의 실패는 아니다

우리 각자는 유일무이한 존재다. 그 어디에도 나를 대신할 수 있는 사람은 없다.

누구나 자신만의 소명을 갖고 이 세상에 태어난다. 그 결과, 자신이 원하는 삶을 마음속에 품은 채 그것이 이루어지기를 바란다. 자신이 꿈꾸는 아름다운 삶의 집을 짓고 싶어 하는 것이다.

당신이 원하는 삶의 집은 과연 어떤 것인가? 누구나 자신만의 집을 짓기 위해 수많은 시행착오를 겪는다. 처음 짓기 때문이다. 문제는 그것을 단 한 번밖에 지을 수 없다는 것이다. 누구도 두 번은 허락되지 않는다. 처음이기에 시행착오를 겪는 것은 어쩌면 당연하다. 물론 그 과정에서 포기하는 사람도 적지 않다. 그렇게 되면 자신만의 집은 상상 속에만 머물게 된다.

누구에게나 하루 24시간이 똑같이 주어진다. 그것을 어떻게 활용하느냐에 따라 삶의 방향은 크게 달라진다. 그 시간 속에는 기쁘고 행복한 일만 있는 것이 아니다. 좌절하고, 포기하고 싶은 수많은 고난과 시련이 도사리고 있다. 문제는 고난과 시련에 부딪혔을 때 얼마나 빨리 그것을 훌훌 털고 일어나느냐이다.

고난과 시련은 포기하라고 우리 앞에 나타나는 것이 아니다. 그것이 존재하는 이유는 더 단단하고 튼튼한 집을 짓게 하기 위함이다. 삶에 불쑥 들이닥치는 고난과 시련은 집이 너무 허술하게 지어지는 것에 대한 경고인 셈이다. 기초가 탄탄하지 않은 모양만 갖추어진 어설픈 집을 짓는다면 과연 어떻게 되겠는가. 강한 비바람과 폭풍우를 견디지 못하고 곧 무너져 내릴 것이 틀림없다. 그런 점에서 고난과 시련이 찾아오면 '힘들다'며 주저앉을 것이 아니라 집을 짓는 방법이 잘못된 것은 아닌지 생각해봐야 한다. 어떤 고난이 오더라도 집짓기를 포기해선 안 된다. 탄탄하고 견고한 집을 지으려면 그만큼 더 큰 노력과 열정이 필요하다.

나는 특별해지고 싶었다. 나만의 특별한 집을 짓고 싶은 마음이 간절했다. 그 마음은 수많은 위기에서 나를 일으켜 세웠고, 어떻게 생각하고 행동해야 하는지 가르쳐주었다. 나를 더욱더 단단하게 하고, 원하는 집을 짓기 위해 어떻게 해야 하는지 구체적으로 알려주기도 했다.

삶의 위기 속에는 우리가 원하는 집을 짓는 데 필요한 재료들이 숨어 있다. 꿈이 클수록 그에 걸맞은 재료가 숨어 있다. 그러니 그것을 찾으려면 더 큰 노력이 필요하다.

자신이 원하는 집을 지으려면 삶을 끊임없이 가다듬어야 한다. 오늘 올린 벽돌이 바람에 무너지더라도 용기를 잃으면 안 된다. '내가 제대로 쌓아 올리지 않아서 그랬구나.'라는 생각에 시멘트를 발라 더 단단하고 꼼꼼하게 쌓아야 한다. 무너져 내린 벽돌을 보고 허탈해하며 '왜 무너지는 거야. 역시 나는 안 되나 봐.'라고 생각한다면 더는 원하는 집을 지을 수 없다.

〈순간 포착! 세상에 이런 일이〉라는 TV 프로그램에서 돌탑을 쌓는 사람의 이야기를 소개한 적이 있다. 수년 후 그가 어떻게 지내는지 궁금했던 제작진은 그를 다시 찾았다. 그리고 믿을 수 없는 광경에 입을 다물지 못했다. 몇 년 전과는 비교도 되지 않을 만큼 돌탑이 늘어난 것은 물론 높이도 어마어마했기 때문이다. 한마디로 놀라움 그 자체였다.

중요한 것은 돌탑이 아닌 그것을 쌓는 과정이다. 돌탑을 쌓는 동안 주인공 역시 수많은 시행착오를 겪었을 게 틀림없다. 하지만 끝까지 포기하지 않고 모든 방법을 동원해서 자신이 원하는 결과물을 만들어냈다. 과연, 그는 어떤 마음으로 시행착오를 극복했을까.

자신이 원하는 집을 지으려면 수많은 시행착오와 어떤 위기에도 흔들리지 않는 열정이 필요하다. 살다 보면 누구나 몇 번쯤 실패를 겪는다. 문제는 그것을 어떻게 극복하느냐는 것이다. 자기 자신에 대한 믿음과 용기만이 그것을 가능하게 한다. 그런 점에서 우리 각자가 가진 인생 설계도는 자신의 믿음과 의지를 토대로 그 가치가 달라진다.

우리 삶은 늘 공사 중이다. 자신이 원하는 집을 짓기 위해 수많은 시행착오를 거친다. 그러다 보면 쌓고, 부수고, 다시 짓기를 무수히 반복하게 된다.

••• 자기 인생의 설계자는 바로 자기 자신이다. '어떻게 하지?'라는 고민은 하지 마라. 차라리 자신이 원하는 집을 짓기 위해서 어떻게 해야 할지를 고민하라. 고민의 방향이 어느 쪽으로 향하는 것이 도움되는지를 진지하게 생각해야 한다. 고난과 시련은 자신이 원하는 집을 짓기 위한 숨은 재료에 불과하다. 따라서 거기에 숨은 재료를 잘 찾아내어 그것을 기회로 바꿔야 한다.

보이지 않는 미래를 너무 두려워하지 마라. 누구나 처음 가는 길이다. 차라리 힘겨우면 힘겨운 대로 도전해야 한다. 절대 실패를 두려워해선 안 된다. 실패가 두려운 나머지 다시 시도하지 않으면 삶 역시 거기서 멈추고 만다.

행복은 포기하지 않고 끝까지 달려간 사람에게만 주어지는 달콤한 선물이다. 조금 늦어도 괜찮다. 어차피 삶에 정해진 시간은 없다. 포기하지 않고 끝까지만 가면 된다.

02

CHAPTER 05

모든 일에는 다 이유가 있다

어떤 일이 일어났을 당시에는 그 저간의 사정을 모르지만, 시간이 어느 정도 흐르면 그 비밀을 알게 되는 경우가 적지 않다. 지금, 이 순간에도 그런 일은 계속해서 일어나고 있다.

어떤 의미를 부여하느냐에 따라 그 일이 내게 의미 있는 일이 될 수도 있고, 그냥 흘러가는 무의미한 일이 될 수도 있다. 대부분 사람이 좋은 일에는 매우 관대하다. 그러다 보니 그런 일은 무의식적으로 받아들인다. 반면, 힘든 일에 대해서는 지나치게 많은 의미를 부여한다. '왜 내게만 이런 일이 일어나는 걸까?'라며 자신을 원망하기도 하며, 하늘을 원망하기도 한다. 그 결과, 긍정적인 의미보다는 부정적인 의미를 찾으려고 하며, 자신의 삶을 어둠 속에 가두는 일을 반복한다.

좋은 일, 나쁜 일 모두 우리 삶에서 특별한 의미를 지닌다. 좋은 일은 자신의 가능성을 확인하는 계기가 된다. 나아가 자신이 바라는 꿈의 가능성을 믿고, 어떤 순간에도 포기하지 않는 끈기를 갖게 한다. 반면, 고난과 시련은 삶을 되돌아보게 하고, 삶의 방향을 바로 잡기 위한 경고 메시지라고 할 수 있다. 그러므로 고난과 시련에 부딪히면 힘든 순간을 원망할 것이 아니라 그것이 내게 주는 진정한 메시지가 무엇인지 생각해봐야 한다.

삶은 우연의 연속이다. 우연은 우리가 그것에 어떻게 대처하느냐에 따라 필연이 된다. 중요한 것은 자신이 원하는 삶의 방향으로 나아가려면 그것을 긍정적으로 바라봐야 한다는 것이다.

모든 일에는 다 이유가 있다. 고난과 시련이 갑자기 내게 닥치는 것도, 뜻하지 않은 좋은 일이 일어나는 것도 마찬가지다.

••• 우리에게 일어나는 모든 일은 결국 가고자 하는 길에 이르는 과정일 뿐이다. 지금 우리가 서 있는 자리 역시 마찬가지다. 그것은 우리의 과거가 만든 결과물이다. 그 누구도 우리를 여기에 있게 하지 않았다. 원인 제공자는 바로 우리 자신이다. 따라서 지금 우리게 일어나는 일에 대한 해답 역시 직접 찾아야 한다. 만일 지금 시련을 겪고 있다면 시련이 우리에게 찾아온 이유 역시 분명히 있다. 시련은 좌절하라고 찾아오는 것이 아니다. 고난은 가슴에 심은 씨앗이 화려하게 꽃피우게 하기 위한 거름일 뿐이다.

자신에게 일어나는 일을 어떻게 해석하느냐에 따라 자신이 원하는 결과물을 얻을 수 있다. 가슴속 씨앗이 화려한 꽃을 피우려면 흔들리지 않는 확고한 믿음과 열정이 필요하다. 믿음은 난관을 기회로 만드는 힘이 되며, 자신이 원하는 삶을 살게 하는 이유가 된다. 마찬가지로 지금 우리에게 일어나는 일은 우리가 원하는 삶을 살기 위한 이유를 제시한다.

지금 우리에게 일어나는 일들을 관대한 마음으로 바라보자. 그것은 우리를 원하는 삶으로 이끄는 힘이 된다.

많은 사람이 고난과 시련을 부정적으로만 봅니다. 하지만 저는 오히려 그것으로 인해 제가 더 완성된 인간이 되었다고 생각합니다. 저는 아직도 미래에 대해 큰 기대를 하지 않습니다. 단지 하루하루 최선을 다하면서 살아가려고 하죠. 목표한 바를 달성하기 위해서는 자신의 역량이 무엇인지 파악해서 꾸준히 노력하는 게 중요합니다. 그렇게 하면 모두가 삶의 기적을 찾을 수 있습니다.

- 폴 포츠, 영국의 오페라 가수

03

CHAPTER 05

돌아가는 길이 더 빠를 수도 있다

비 내리는 아침, 우산을 쓰고 빗속을 걸으며 잠시 회상에 잠겼다. 우산 위로 떨어지는 빗소리가 경쾌하다. 하늘은 잿빛으로 물들고, 거리는 온통 회색빛이다. 사람들은 서두르며 저마다 바쁜 발걸음을 옮긴다.

어떻게 생각하느냐에 따라, 어떤 경험이 있느냐에 따라 비 내리는 날을 바라보는 시선은 매우 다르다. 착 가라앉은 날씨 탓에 우울할 수도 있고, 아름다운 추억을 떠올리며 행복할 수도 있다. 이렇듯 마음은 날씨마저 기분에 따라 다르게 해석하게 만드는 힘이 있다.

고난과 시련은 어떤 이에게는 좌절의 이유가 되기도 하지만, 또 다른 이에게는 성공의 원동력이 되기도 한다. 중요한 것은 고난과 시련 속에 마냥 머물러선 안 된다는 점이다. 그럴수록 더욱더 거기서 벗어날 수 없기 때문이다.

고난과 시련을 긍정적으로 받아들이며, 스스로 변화를 시도해야 한다. 변화는 도약의 기폭제다. 변화하지 않고 발만 구른다고 해서 달라지는 건 아무것도 없다.

현재 나는 다소 여유로운 마음으로 모든 것을 대한다. 원하는 것을 이루어서가 아니다. 세상의 중심은 나이며, 세상의 모양을 바꿀 수 있는 사람도 나 자신뿐이라는 것을 뼈저리게 느꼈기 때문이다.

고난을 어떻게 보느냐에 따라 그 모습은 크게 달라진다. 그 자리에 가만히 머물러 있어서는 아무것도 되지 않는다. 첫걸음을 떼고 왜 여기에 내가 서 있는지 그 이유를 찾아야 한다. 답은 자신에게 있다. 길은 하나만 있는 것이 아니다. 직선이 빠를 것 같지만, 어쩌면 더 멀 수도 있다. 때로는 돌아가는 길이 더 빠를 수도 있기 때문이다.

자신이 원하는 길을 찾기까지는 보이지 않는 어둠 속을 수없이 걸어야 한다. 당연히 수없이 넘어지고 깨지며, 수많은 좌절 및 두려움과 싸워야 한다. 잊을 만하면 반복되는 고난과 시련 역시 견뎌야 한다. 하지만 그것은 자신이 가슴속에 품은 꿈을 온전히 자신의 것으로 만들기 위한 테스트에 불과하다. 고난 뒤에는 반드시 축복이 숨어 있기 때문이다.

고난과 시련이 주는 의미에 관해서 자신에게 물어보라. 분명히 답을 줄 것이다. 앞이 보이지 않고, 벗어날 수 없을 것 같지만, "이 또한 지나갈 것이다."라는 격언처럼 곧 지나가게 되어 있다. 하지만 고난과 시련 뒤의 축복을 발견하려면 한 가지 전제조건이 필요하다. 그것은 바로 내면의 힘이 움직여야 한다는 것이다.

'나는 왜 이렇게 살아야 하나?'라고 생각하는가? 그렇다면 지금이 기회라고 생각하고, 적극적으로 움직여라. 변해야 하는 이유가 생긴 것이다. 그렇게 해서 '나도 행복하고 멋진 인생을 살 거야.'라는 이유를 찾는다면 스스로 움직이고 삶의 변화를 만들 수 있다.

••• 돌아가는 길이 더 빠를 수도 있다. 삶은 직선이 아니라 곡선이기 때문이다.

"몇십 년을 돌아 길을 찾았구나. 인생이란 이런 것이구나. 일찍 피는 꽃도 있지만, 늦가을에 피는 꽃도 있구나."

"혼을 담아 노래한다."라는 소리를 듣는 대한민국 대표 소리꾼 장사익의 말이다. 그는 상고 졸업 후 보험회사를 시작으로 25년 동안 무려 열다섯 곳이 넘는 직장을 전전했다. 하지만 무엇을 해도 신이 나지 않았다. 하나같이 하고 싶은 일이 아니었기 때문이다. 삶의 변화가 절실했다. 마흔셋 되던 해, 그는 큰 결심을 한다.

'그래, 딱 3년만 하고 싶은 일에 미쳐보자.'

그렇게 해서 그는 하고 싶은 일에 도전했고, 늦가을 꽃처럼 활짝 피었다.

간절한가? 절박한가? 그렇다면 그것을 행동으로 옮겨라. 장사익은 이렇게 말한다.

"나 자신을 위해 살아야 해요. 실패하더라도 하고 싶은 일을 하고 가는 게 멋진 인생이지."

혹시 당신도 지금 자신이 너무 늦된다고 걱정하고 있지는 않은가? 그렇다면 괜한 걱정을 하는 것이다. 너무 늦었다고 해서 걱정할 필요도, 너무 빠르다고 해서 우쭐할 필요도 없다. 그저 각자 자기 리듬에 맞춰 살면 된다. 중요한 것은 최종 목적지까지 이르는 과정이다.

살다 보면 자기 뜻대로 이루어지기보다는 그렇지 못한 상황에 놓일 때가 많다. 중요한 것은 그것을 대하는 마음가짐이다. 그에 따라 상황을 얼마든지 반전시킬 수 있기 때문이다.

지금 당장은 너무 힘든 나머지 어떤 말도 들리지 않을 수 있다. '생각을 바꾼다고 해서 무엇이 달라지겠어?'라는 마음이 들 수도 있다. 하지만 내 안의 생각은 어차피 내 마음대로다. 누가 강요하지 않는다. 그렇다면 굳이 부정적인 생각을 할 필요가 있을까. 그러니 부정적인 생각에 사로잡혀서 두려워하고 좌절하며 불안해하기보다는 긍정적인 생각으로 내면의 평화부터 찾는 것이 좋다. 마음이 혼란스러우면 답을 찾을 수 없다. 마음의 평정부터 찾아야만 내면을 휘감고 있는 안개가 서서히 걷히면서 비로소 나아갈 방향이 보인다.

가능성은 무한하다. 한계란 없다. 한계는 스스로가 만든 허상일 뿐이다. 고난과 시련은 우리에게 한계란 없다는 사실을 일깨워주며, 우리를 더 크게 성장시키는 힘이다. 그러니 그것을 두려워하기보다는 그것의 진정한 의미를 파악해서 자신이 원하는 삶을 향해 나아가야 한다. 절대 주저앉아선 안 된다. 고난과 시련은 위장된 축복일 뿐이다.

04

CHAPTER 05

보이지 않는 미래를 너무 두려워하지 마라

누구나 아름답고 행복한 삶을 살고 싶어 한다. 아름답고 행복한 삶이란 과연 무엇일까. 원하는 것을 마음껏 누리는 삶, 고난과 시련 없는, 즉 우여곡절 없는 평탄한 삶을 그 전형으로 꼽는 이들이 적지 않다. 그렇다면 과연 그렇게 살면 아름답고 행복할 수 있을까.

아름답고 행복한 삶을 살려면 작은 것에도 감사하는 마음이 습관화되어 있어야 한다. 감사하는 마음은 고난과 시련 속에서 피어난다.

수많은 고난과 시련에서 빠져나오는 순간, 우리는 그때까지 느낄 수 없었던 새로운 세상과 만난다. 세상이 달라 보이고 아름답게 보이기 때문이다. 또한, 삶이 얼마나 소중하고 감사한지 비로소 알게 된다. 그런 점에서 고난과 시련이야말로 아름답고 행복한 삶의 전제조건이라고 할 수 있다.

고난과 위기, 시련 속에는 우리를 움직이는 힘이 있다. 또한, 그것은 자신만의 색깔과 열정을 찾는 기회가 된다. 따라서 포기하지만 않으면 수많은 작은 기적과 만날 수 있다.

내 삶의 방향키는 누구도 아닌 내가 갖고 있다. 삶의 거친 폭풍우 속에서 방향키를 꼭 붙잡고, 어떤 순간에도 절대 그것을 놓지 않으며 '나는 반드시 목적지에 도착할 것이다.'라는 믿음만이 자신을 지킬 수 있다. 만일 방향키를 놓치게 되면 어떻게 될까. 그 결과는 보지 않아도 뻔하다. 삶의 방향을 잃고 헤맬 것이 틀림없기 때문이다.

어떤 상황에서도 자신의 삶은 자신이 직접 주도해야만 한다. 상황에 끌려다녀선 절대 행복할 수 없다.

우리 내면에는 무한한 힘이 있다. 어떤 고난과 시련도 극복할 수 있다는 믿음은 행동을 변화시킨다. 그것은 다음과 같은 물음을 제시하기도 한다.

'무엇을, 어떻게 바꿔야 할까?'

고난과 시련은 수많은 변화를 요구하며, 변화를 시도하는 용기는 우리를 새로운 세상으로 이끈다. 자신이 변화하지 않으면 그 무엇도 변하지 않는다.

아름답고 행복한 삶을 원하는가? 그렇다면 고난과 시련이 주는 교훈이 무엇인지 깨달아야 한다. 중요한 것은 시련을 어떻게 해석하느냐에 따라 그 뜻과 삶의 방향이 달라진다는 점이다. 삶에 도움이 되는 해석을 할 것인지, 자신을 꼼짝 못 하게 하는 쇠사슬로 만들 것인지는 오직 자기 자신에게 달려 있다.

현재의 나는 과거의 나와 비교했을 때 확연히 달라졌다. 과거의 나는 비닐하우스 속 화초와도 같았을 뿐만 아니라 나만 아는 이기적인 존재였으며, 힘든 일은 나와 관계없다는 오만함을 갖고 있었다. 힘들어하는 사람들을 볼 때도 그들이 겪는 마음고생이 얼마나 큰지 미처 알지 못했다. 그저 잠시 '안 됐다'라며 연민을 느꼈을 뿐이다. 하지만 고난과 시련은 나를 새롭게 거듭나게 했다.

고난과 시련은 내게 다른 사람을 늘 배려하고, 감사하는 마음을 갖게 했을 뿐만 아니라 이기심과 오만함을 거두게 했고, 절대 쓰러지지 않는 오뚝이의 강인함을 배우게 했다. 또한, 나를 스스로 움직이게 했으며, 넘어질 때마다 다시 일어서게 했고, 진정으로 원하는 것이 무엇인지 알게 했다.

고난과 시련을 툭툭 털고 일어서게 하는 힘은 자기 자신에게 있다. 스스로 움직이지 않으면 절대 고난과 시련에서 벗어날 수 없기 때문이다. 두려움과 걱정에 삶을 발목 잡혀선 안 된다. 두려움과 걱정은 원하는 삶을 볼 수 없게 하며, 한 발자국 내딛는 것조차 힘들게 할 뿐이다.

고난과 시련은 삶의 교훈을 가르쳐주는 스승과도 같다. 마음가짐과 태도에 따라서 내 편이 되기도 하지만, 삶을 처참하게 무너뜨릴 뿐만 아니라 포기하게도 한다. 과거는 중요하지 않다. 다만, 그 경험이 어떻게 작용하느냐가 중요할 뿐이다. 시련 앞에서 절대 좌절하지 마라. 마음먹기에 따라 얼마든지 그것을 삶의 스승으로 만들 수 있을 뿐만 아니라 삶을 새롭게 디자인할 수도 있다.

고난과 시련의 구렁텅이에서 방황하는 삶을 원하는가? 그런 삶을 원하는 사람은 아마 단 한 명도 없을 것이다. 그런 삶을 살지 않으려면 힘든 과거와 결별해야 한다. 나아가 그것은 고통스러운 이별이 아닌 아름다운 이별이어야만 한다. 힘든 과거가 자신에게 주는 진정한 의미 역시 있기 때문이다. 그 의미를 깨닫는다면, 힘든 과거를 소중하게 보낼 수 있다. 그 시간은 진정한 나를 찾게 해주며, 자신의 소중한 가치를 일깨워준다. 또한, 아름다운 삶의 방향을 안내하고, 힘든 시기를 잘 이겨온 대견함에 자신을 더욱더 사랑할 수 있게 한다. 세상을 바라보는 시선 역시 한결 여유로워진다. 그렇게 되면 진정으로 아름답고 행복한 삶을 즐길 수 있다.

도저히 받아들일 수 없는 현실을 받아들이기란 매우 어려운 일이다. 하지만 행복한 미래를 꿈꾼다면 오늘이 아닌 내일을 내다볼 줄 알아야 한다. 자기 안에 숨어 있는 날개를 활짝 펼쳐라. 내면의 힘이 날개가 되어 멋진 미래로 우리를 인도할 것이다.

••• "강한 종이 살아남는 것이 아니라 적응력 높은 종이 살아남는다."

진화론의 창시자 찰스 다윈의 말이다. 이처럼 발전하기 위해선, 살아남기 위해선 변화에 능한 사람이 되어야 한다. 그러나 시늉만으로는 곤

란하다. 애벌레가 나비가 되듯 완벽하게 탈바꿈해야 한다.

하지만 그에 앞서 꼭 해야 할 일이 하나 있다. 자신이 무엇을 해야 할지 정해야 한다는 것이다. 즉, 목표가 있어야 한다. 목표 없는 변화는 진정한 변화가 아니다. 그것은 일시적인 삶의 회피이자, 순간순간의 미봉책이라고 할 수 있다. 변화를 일으킨 원인이 무엇이든지 간에 변화라는 것은 분명 그 사람을 성장시키고 발전시킨다. 물론 어느 정도 고통이 따른다. 그렇다고 두려워할 필요까진 없다. 고통의 끝에는 분명 새로운 기회가 기다리고 있기 때문이다. 어차피, 지금 우리는 변화에서 벗어날 수 없다. 아무리 변화를 피해가려고 해도 이미 변화의 소용돌이에 서 있기 때문이다. 그만큼 세상살이는 만만치 않다.

삶의 방향을 떠난 변화는 아무런 의미가 없듯, 변화하지 않는 삶 역시 구태의연할 뿐이다. 오늘 변하지 않으면 내일 변화를 당할 수밖에 없다. 만일 지금까지의 삶이 만족스럽지 않다면 다시 태어나라. 아직 늦지 않았다. 우리의 삶은 우리가 생각한 대로 흘러가게 된다는 사실을 명심해야 한다.

CHAPTER 05

깊은 상처가 깊은 인생을 만든다

"시간이 약이다."

살다 보면 이 말을 실감할 때가 많다. 실제로 도저히 끝나지 않을 것만 같던 일도 시간이 흐르면 점점 잊히곤 한다. 고난과 시련 앞에서 힘들어하는 마음 역시 마찬가지다. 그 역시 시간이 흐르면 곧 잊히고 만다. 우리 내면이 그것을 마냥 바라보고만 있지는 않기 때문이다. 물론 좌절도 하고, 포기하고 싶은 생각도 수없이 하며, 미래에 대한 걱정으로 인해 불안하고 두려움을 느끼기도 한다. 하지만 그것이 미래로 나아가는 데 있어서 방해되어선 안 된다. 그러자면 어떤 상황에서도 자신에 대한 믿음을 놓지 않으며, 희망의 끈을 끝까지 붙잡아야 한다.

부정적인 마음으로는 미래를 정확히 예측할 수 없다. 더욱이 그것은 막연히 미래를 두려워하는 우리 마음이 만든 허구에 불과하다. 그 결과,

아직 일어나지도 않은 일에 대한 두려움과 불안함으로 인해 삶이 망가지는 일도 부지기수다. 하지만 더 큰 문제는 따로 있다. 부정적인 생각을 진실인 양 받아들이게 되면 고난과 시련에서 절대 벗어날 수 없다는 것이다.

사실 우리는 위기에서 벗어나는 방법을 이미 알고 있다. 힘든 상황에서 자신을 탓하기도 하고, 세상을 탓하기도 하지만, 그것은 진정한 해결책이 아니란 것 역시.

마음이 움직이면 행동 역시 어떻게 해야 하는지 스스로 알게 된다. 그렇다고 해서 그것이 당장 눈에 띄는 해결책을 제시하지는 않는다. 시간의 흐름에 따라 생각과 행동이 더 좋은 방향으로 다듬어지고 변화하면서 비로소 위기에서 벗어날 수 있기 때문이다.

삶은 수많은 경험의 연속이다. 우리는 그 안에서 삶의 소중한 요소들을 찾아야 한다. 시간의 흐름과 함께 새롭게 일어나는 사건들은 우리의 가치를 깨닫게 하는 것은 물론 행복한 삶을 사는 기회를 제공한다. 단, 여기에는 한 가지 조건이 있다. 힘든 순간에만 머문 나머지 흐르는 시간까지 '멈춤' 상태로 만들어선 안 된다는 것이다. 우리가 멈추고 싶다고 해서 시간 또한 머무는 것은 아니다. 시간은 어김없이 흐른다. 우리만 시간을 역행하고 제자리걸음 할 뿐이다. 시간의 흐름에 따라 세상 역시 변화한다. 그런 점에서 우리만 변하지 않는 것은 세상의 이치를 거스르는 일이다.

삶은 하루살이 인생이 아니다. 한 번의 실수로 삶이 끝나는 것도 아니다. 오늘의 실수를 깨달을 수 있는 내일이 있고, 내일보다 더 발전할 수 있는 또 다른 내일이 우리에게는 수없이 많다. 그러니 어떤 상황에서도 꿈을 간직하고 거기에 다가가기 위해 노력해야 한다. 나아가 발전된 나, 성공한 나를 만나려면 지금의 나를 버려야 한다. 즉, 지금의 나를 파괴해야 한다. 지금의 정체된 나에 머물지 않고 매일매일 새롭게 태어나야 하는 것이다.

위기 속에는 아름다운 보석이 숨겨져 있다. 우리에게 어떤 보석이 숨겨져 있는지 알기 위해서는 희망의 끈을 절대 놓지 않아야 한다. 만일 넘어지더라도 오뚝이처럼 벌떡 일어나야 한다. 그러면 시간이 우리를 아름다운 보석이 있는 곳으로 데려다준다.

고통과 시련은 삶의 전환점을 만들며 변화를 유도한다. 또한, 과거의 삶을 되돌아보게 하고, 더 나은 삶을 향해 나아갈 수 있게 한다. 나아가 그것은 삶의 교훈을 남기며 스스로 물러간다.

나는 힘들수록 나 자신에게 더욱 엄격했다. 자기관리 역시 더 충실히 했다. 그로 인해 후회하는 삶을 살고 싶지 않았기 때문이었다. 무엇보다도 내게 주어진 시간이 너무도 소중했기에 무작정 흘려보내고 싶지 않았다. 그래서 힘든 일이 삶을 방해하지 않도록 매사에 최선을 다했다. 예컨대, 금전적으로 힘든 시기에는 '돈이 내 삶을 절대 망가뜨리게 하지 않을 거야.'라며, 나에 대한 관리를 더욱 철저히 했고, 가족을 돌보는 일 역시 더 열심히 했다. 또한, 막막한 상황에서도 밝은 모습을 보이기 위해 노력했으며, 부정적인 생각에서 벗어나 '모두 잘 해결할 수 있다.'라는 긍정적인 마음을 가지려고 했다. 그렇다고 해서 부정적인 생각이 전혀 들지 않은 것은 아니었지만, 긍정적인 마음은 시간을 약으로 만들었다. 하루하루를 이겨낼 힘을 주었고, 암울한 시간에서 벗어날 수 있게 했기 때문이다.

글을 처음 쓰기 시작할 때만 해도 내 상황은 말이 아니었다. 도저히 말로는 표현할 수 없을 만큼 많은 시련이 한꺼번에 몰려왔다. 금전적인 문제, 딸의 대학 자퇴와 재수 실패, 아들의 방황…. 하지만 나는 포기 대신 희망을 선택했다. 그렇게 해서 수없이 나를 일으켜 세우며, 딸에게 용기와 믿음을 주고, 내가 할 수 있는 최선을 다했다. 아들에 대한 믿음 역시 놓지 않았다.

고백건대, 너무 힘들었다. 그런데도 내가 무너지지 않은 이유는 마음의 중심을 잃지 않았기 때문이다.

글을 쓰기 시작한 지 1년여의 세월이 흐른 지금은 많은 것이 바뀌었다. 금전적인 문제도 지혜롭게 해결했을 뿐만 아니라 딸은 힘든 시기를 잘 이겨내고 서울에 있는 대학에 합격했고, 아들은 철없던 과거를 뉘우치고 새로운 도전을 준비하고 있다.

••• 힘든 시간은 결국 지나간다. 그리고 그 시간은 삶의 소중한 자양분이 되어 삶을 화려하게 꽃피운다. 삶은 정해진 코스를 달리는 경기가 아니다. 마음먹기에 따라 얼마든지 바꿀 수 있다. **더는 과거의 상처와 싸**

워선 안 된다. 자기 자신을 믿어라. 자기 자신을 사랑할 줄 아는 사람만이 고난과 시련을 현명하게 극복할 수 있다. 나아가 내면의 힘을 믿어야 한다. 고난과 시련은 삶의 소중한 거름이 되고, 그것은 시간이 흐르면서 삶에 영양분을 주입해 화려한 꽃을 피운다.

06

CHAPTER 05

세상을 바꾸는 건 마법이 아닌 자기 자신

한 번도 가지 않은 낯선 길을 걷는 것은 매우 두려운 일이다. 모든 것이 낯설고 확연히 다르기 때문이다. 그래서일까. 우리 대부분은 굴곡 없는 평탄한 삶에 안주하며 새로운 도전을 꺼린다. 꿈이 있고, 목적이 있을지언정 현재의 삶을 절대 바꾸려고 하지 않는다. 어떤 계기가 생기지 않는 한 마음속 꿈으로만 저장할 뿐이다.

고난과 시련, 위기는 마음속 꿈을 밖으로 꺼내는 힘이 있다. 그것은 자신이 무엇을 원하고, 무엇을 해야 할지 깨닫게 한다. 나아가 안일한 삶에 반기를 들게 하며, 무기력한 삶에 경종을 울린다. 또한, 그것은 내면의 강인함이 필요하다. 어떤 유혹과 시련에도 흔들림 없이 원하는 삶을 향해 나아가야 하기 때문이다.

나는 언제나 특별해지고 싶었다. 절대 평범해지고 싶지 않았다. 그 마음은 나를 항상 새로운 곳으로 이끌었다. 그중에는 내가 원하는 길도 있었지만, 정글처럼 덤불로 꽉 막힌 길도 있었다. 그러다 보니 때로는 무모한 선택을 해야 했고, 그것은 나를 끝이 보이지 않는 절망 속으로 떨어뜨렸다. 끝도 없이 떨어지는 순간, 두려움은 다시는 위로 올라갈 수 없을 것만 같은 공포심을 자아냈다. 처음에는 왜 그런 나락으로 떨어져야 하는지 도저히 이해할 수 없었기에 세상을 원망하기도 했다. 하지만 그 마음은 잠시뿐, 언제부턴가 '다시 위로 올라가야겠다.'라는 간절함이 나를 변하게 했다. 그리고 그런 간절함은 새로운 나로 거듭나게 했다. 진정으로 내가 원하는 특별한 삶을 살기 위해서는 어떤 마음가짐을 해야 할지, 어떻게 행동해야 할지 비로소 깨달았기 때문이다. 그것은 남들에게 보여주기 위한 허세가 아니어야 했다. 내면에서 우러나오는 특별함만이 특별한 나를 만들 수 있기 때문이다.

한 번의 위기를 이겨내고 나면, 이전의 자신보다 한 단계 더 발전한 자신을 발견할 수 있다. 또한, 위기는 안일한 삶에서 벗어나 꿈과 목표를 찾게 하며, 원하는 삶을 살게 한다. 시련 속에서 허우적거리며, 자신을 원망하는 삶을 살아선 안 된다. 새로운 세상을 향해 과감하게 도전하는 용기를 가져야 한다. 용기는 외부세계에서 만들어지는 것이 아니다. 그것은 자기 내면에서 만들어진다.

어깨를 활짝 펴고, 얼굴에는 밝은 미소를 장착하자. 가슴속에는 '모든 일이 원하는 대로 이루어지고 있다.'라는 말을 새기고, 현재에 대한 걱정과 불안은 '괜찮아, 잘 될 수 있어.'라는 긍정의 다짐으로 바꾸자. 무엇보다도 자신에 대한 믿음과 확신을 가져야 한다. 나아가 어떤 순간에도 흔들리지 않는 강한 내면을 가질 수 있도록 자신을 끊임없이 단련하자. 절대 부정적인 미래를 떠올려선 안 된다. 아무리 힘들어도 영화〈바람과 함께 사라지다〉의 명대사처럼 "내일은 내일의 태양이 뜬다."라는 생각으로 밝은 미래를 만들어가야 한다.

문제는 아무리 긍정적인 마음을 가지려고 해도 부정적인 마음이 더 강하게 작용해서 마음을 혼란스럽게 할 수 있다는 점이다. 하지만 그럴수록 긍정적인 마음이 더 큰 공간을 차지하게 해야 한다. 부정의 유혹에 절대 넘어가선 안 된다.

힘든 순간도 삶이다. 어느 순간도 포기해선 안 되는 삶의 일부이기 때문이다. 해야 할 일과 하고 싶은 일을 고난과 시련 때문에 절대 내버려둬선 안 된다. 지금 당신은 어디에 서 있는가? 시련으로 인해 자신은 물론 자신이 책임져야 할 것을 절대 나 몰라라 해선 안 된다. 그럴수록 자기관리를 더욱더 철저히 해야 한다.

나는 힘들 때마다 내면의 열정을 더욱더 끌어 올리려고 끊임없이 노력한다. 미소 가득한 얼굴과 에너지 넘치는 표정, 활달함으로 이미지를 바꾸고, 말투 역시 긍정적인 말을 사용한다. 또한, 체력적인 부분 역시 소홀히 하지 않는다. 힘들수록 몸의 기능이 떨어져 우울한 마음이 신체에도 큰 영향을 미치기 때문이다. 그때마다 나는 홈 트레이닝도 하고, 산책도 하면서 기분을 전환하곤 한다. 가족 내에서의 역할도 더욱 충실히 한다.

시련으로 인해 그것을 포기하면 훗날 더 후회할 뿐만 아니라 가족에게도 미안할 것이 틀림없기 때문이다.

••• 어떤 상황에서도 자신이 행복해지는 쪽을 택해야 한다. 고난과 시련이 삶을 멈추게 해선 안 된다. 그로 인해 나다운 나를 포기해서도 안 된다. 자신을 계발할 수 있는 것이 무엇인지 찾아서 헛되지 않은 삶을 살아야 한다.

고난과 시련은 어차피 지나가게 되어 있다. 자신감을 느끼고, 가슴속 열망의 불씨에 불을 지펴라. 열망의 불씨는 새로운 도전을 하게 할 것이다. 강렬한 도전정신은 부딪히고 넘어지는 삶을 일어서게 하며, 앞을 향해 나아가는 에너지를 충전시킨다. 고난과 시련이 행운으로 바뀌는 그날까지 자신을 세우고 또 세워라.

07

CHAPTER 05

다른 사람이 만든 행복의 기준을 좇지 마라

행복해지고 싶은가? 그렇다면 관점을 바꿔라.

살다 보면 주위 환경이나 여건이 만족스럽지 않은 경우가 대부분이다. 중요한 것은 그것이 행복을 좌지우지하는 것은 아니란 점이다. 세상을 여유롭게 바라보는 마음과 감사하는 마음, 그리고 긍정적인 마음이 행복을 만든다.

누구에게나 삶은 단 한 번뿐이다. 그러니 이왕이면 후회 없는 삶을 살아야 한다. 과연, 어떤 삶이 후회 없는 삶일까?

자신이 주인공인 삶을 살아라. 나아가 자신이 원하는 것을 이루는 행복한 삶을 살아야 한다. 다른사람이 만든 행복을 무작정 좇지 마라. 그 순간, 삶은 비극으로 변하며, 더는 자신의 삶이 아닌 다른 이의 삶을 살게 된다. 또한, 주위 환경과 여건에 휩쓸린 나머지 자신의 존재 가치를 잃어서도 안 되며, 자신을 경멸하거나 자책해서도 안 된다.

지금, 이 순간의 모습이 우리의 전부는 아니다. 우리의 능력은 무한하다. 단지, 스스로 그것을 인정하지 않기에 세상 밖으로 드러나지 않을 뿐이다. 문제는 대부분 사람이 자기 자신을 잘 모를뿐더러 자신에 대해 알려고도 하지 않는다는 점이다. 그러다 보니 남이 나를 멋대로 판단하고 그려놓은 모습을 진짜 자기인줄 착각하며 살기 일쑤다. 하지만 나 자신이 누구인지 아는 것이야 말로 진짜 나를 찾는 가장 중요한 일이다.

미래가 절망적인 것은 마음속에 두려움과 불안이 자리하고 있기 때문이다. 두려움과 불안은 미래는 물론 현재도 어둡게 한다. 그러니 행복을 원한다면 그런 두려움과 불안에서 어서 벗어나야 한다.

행복은 절대 미루는 것이 아니다. '지금은 비록 힘들어도 언젠가는 행복할 거야.'라는 어리석은 생각은 절대 하지 마라. 지금 행복해야 한다. 과거도, 미래도 중요하지 않다. 지금이 중요하다.

행복은 모든 것이 충족되어야만 오는 것이 아니다. 행복은 마음에서 온다. 따라서 행복하려면 감정을 잘 다스려야 한다. 부정적인 감정으로 생각에 집중할 것인지, 긍정적인 감정으로 생각에 집중할 것인지, 자신의 판단에 따라 생각은 움직인다. 또한, 행복하기로 마음먹었다면 생각의 한계를 만들지 않아야 한다. 생각에 한계란 없다. 왜 자신을 행복과 거리가 먼 사람이라고 단정하는가. 세상에는 원하는 것을 이루며 행복하게 사는 사람도 얼마든지 있다. 그들 또한 우리와 똑같은 존재다. 그러니 우리 역시 충분히 행복할 수 있다.

고난과 시련, 역경이 삶을 가로막는다고 할지라도 절대 행복을 내줘선 안 된다. 가슴속에 행복을 추구하는 마음이 달아나지 않도록 꼭 붙잡아야 한다. 환경이 우리를 이길 수는 없다. 내면의 강한 의지가 있는 한 어떤 환경도 우리를 굴복시키지 못한다. 소중한 나를 끝까지 지켜야 한다. 어떤 역경이 몰아쳐도 자신을 절대 놓아서는 안 된다. 우리는 행복할 권리가 있다. 왜 스스로 행복의 권리를 박탈하려고 하는가.

환경은 당장 바꿀 수는 없다. 하지만 마음만은 언제든지 바꾸는 게 가능하다. 그러니 마음이 환경에 따라 휘청거리지 않고, 긍정적인 생각과 감사의 마음으로 희망의 싹을 키워간다면 분명 머잖아 좋은 열매를 맺을 수 있다.

불안한 미래에 집중하지 말고, 지금 주어진 시간에 감사하자. 그리고 행복한 마음으로 미래의 등불을 밝히자. 두려움과 불안, 조급함은 행복을 가로막는 장해물이자 미래를 어둡게 하는 방해 요소임을 잊지 말자.

세상을 아름다운 시선으로 바라보라. 힘겨운 상황들이 불시에 닥쳐오며, 예기치 못한 고통스러운 문제들이 눈 앞에 펼쳐질 수도 있지만, 시선을 어디에 두느냐에 따라 행복할 수도, 불행할 수도 있다.

삶은 하루하루가 더해져 완성된다. 하루 24시간 속에는 수많은 일과 감정이 복합적으로 일어난다. 화나는 일, 즐거운 일, 열정이 넘치는 일, 우울한 일 등 다양한 일이 하루에도 수없이 일어난다. 하지만 감정의 방향만은 똑같은 곳을 지향해야 한다. 즉, 희망을 바라보며 움직여야 한다. 그것이 힘든 상황을 이겨내게 하고, 궁극적으로 행복에 이르는 길이다.

'빅마마'로 유명한 요리연구가 이혜정 씨의 친정아버지는 딸의 손을 잡고 결혼식장에 입장할 때 다음과 같은 이야기를 해줬다고 한다.

"참지 마라. 참는 것은 억울하다. 하지만 견디어라. 견디는 것은 보람 있지 않으냐?"

견디는 것은 무조건 참는 것이 아니다. 그 속에는 수없이 자신의 마음을 단련하며, 긍정적인 마음으로 채찍질하는 노력이 담겨 있다. 그 때문에 위기의 상황에서도 행복한 마음을 가질 수 있으며, 그 상황을 슬기롭게 잘 견디어 훗날 보람을 느낄 수 있다.

지금, 이 순간 행복해야 한다. 행복은 절대 먼 곳에 있지 않다. 행복의 관점 역시 바꾸자. 반드시 뭔가를 이루어야만 행복한 것은 아니며, 많이 가져야만 행복한 것도 아니다. 이에 대해 미국의 '건국 아버지'라고 불리는 벤저민 프랭클린은 이렇게 말한 바 있다.

"돈은 인간을 한 번도 행복하게 한 적이 없다. 그리고 본질적으로 돈은 행복을 생산할 수 없다."

물질이 행복을 충족시켜 주지는 못한다. 작은 것에 감사하는 마음과 자신을 믿는 마음으로 밝은 미래에 대한 희망의 끈을 놓지 않을 때 비로소 행복할 수 있다.

고난과 시련, 역경 역시 행복을 막을 수 없다. 자신의 마음이 굳건하게 중심을 잡고, 환경에 흔들리지 않으며, 행복을 추구한다면, 어떤 상황에도 행복할 수 있기 때문이다. 가슴속에 행복을 꽁꽁 감춘 채 '나는 왜 행복하지 않을까?'라는 헛된 생각에서 벗어나자. 누구나 행복할 수 있다.

삶은 꽃처럼 아름답다. 화려하고 물질적인 풍요를 누려서가 아니다. 고난과 역경을 꿋꿋이 이겨낸 자체가 아름답다.

평탄한 길을 걷는 삶보다 곳곳에 있는 장해물을 뚫고 묵묵히 가는 인생이 훨씬 더 아름다운 법이다. 고난과 시련에 주저앉지 않고 극복하는 모습을 보면 박수갈채가 저절로 나온다. 나아가 행복이 가슴속에 뿌리 내리고 있다면 무엇도 두려울 것이 없다.

••• 누구나 자기 삶의 주인공은 자신이라고 입버릇처럼 말하곤 한다. 하지만 정작 그렇게 사는 사람은 많지 않다. 정말 기발할 정도로 다양한 핑계를 대며 다른 사람의 삶을 무분별하게 좇는다. 그 결과, 자기 삶인데도 자신만의 철학과 생각이 없는 다른 사람을 흉내 내는 삶을 살며, 다른 이의 삶의 조연으로 밀려나고 만다.

다른 사람이 만든 행복의 기준을 좇지 마라. 자신이 주인공인 삶을 살아야 한다. 그래야만 진정한 행복에 이를 수 있다. 성공한 사람들의 이야기가 적지 않은 가르침과 감동을 주는 건 사실이다. 하지만 그건 어디까지나 그들의 이야기일 뿐이다. 우리 각자에게는 우리만의 삶이 있다. 그런데도 많은 사람이 성공한 사람들의 삶이 마치 정답인 양 그것을 무의식적으로 좇는다. 그들의 삶에 심취한 나머지 자신의 삶을 그들의 생각과 말로 가득 채우는 것이다. 그 결과, 자신의 인생인데도 불구하고, 자신만의 철학과 생각이 없는 다른 사람을 흉내 내는 삶을 산다. 문제는 그것이 행복할 리 없다는 것이다.

어두운 밤길을 차로 달리다 보면 뒤에서 오는 차가 비추는 불빛이 그렇게 고마울 수 없다. 초행의 막막한 시골 길일수록 그 고마움은 더 크다.

성공한 사람들의 이야기가 주는 깊은 감동과 교훈은 알 수 없는 내일을 향해 밤길을 달리는 우리 삶을 비추는 불빛과도 같다. 그저 유용할 뿐, 핵심은 아닌 것이다.

모든 것을 걸어서라도 반드시 이루어야 할 결연한 목표가 있는가? 그렇다면 방법은 하나뿐이다. 더는 도망갈 수 없는 벼랑 끝에 자신을 세워라. 그리고 마지막이라는 생각으로 건곤일척의 승부를 펼쳐야 한다.

08

CHAPTER 05

내 인생에 박수를

시간은 항상 나를 새로운 곳으로 이끈다. 그때마다 새로운 과제가 끊임없이 생기지만, 더는 그것이 두렵지도 막막하지도 않다. 원하는 삶을 위해서 하나씩 천천히 풀어 가면 되기 때문이다.

고난과 시련에 부딪히면 현실의 막막함에서 벗어나고 싶은 조급함이 우리를 괴롭힌다. 하지만 그런 때일수록 자신을 믿고 차근차근 삶의 과제를 풀어 가야 한다. 절대 희망의 줄을 놓아선 안 되며, 뜻대로 풀리지 않는 현실을 원망해서도 안 된다. 그럴수록 자신의 내면을 더 강하게 다잡아야 한다. 현재의 힘든 상황에서 벗어나는 유일한 방법은 강한 의지와 믿음밖에 없기 때문이다.

힘들수록 긍정적인 마음보다 부정적인 마음에 현혹되기 쉽다. 하지만 그렇다고 해서 부정적인 마음에 사로잡혀선 안 된다. 긍정적인 마음이 함께 할 수 있도록 해야 한다. 긍정적인 마음속에는 힘든 현실에서 벗어날 수 있는 해답이 있기 때문이다. 하지만 아무리 노력해도 상황이 나아지지 않는다면? 아직 제대로 된 긍정적인 마음을 갖고 있지 못할 가능성이 크다. 이를테면, 긍정을 말하면서도 가슴속에 부정적인 마음이 자리하고 있다.

우리가 원하는 삶을 만들어 가기 위해서는 마음과 행동이 매우 중요하다. 그러자면 간절한 마음으로 자신을 일으켜 세워야 한다. 나아가 '결국, 나는 이길 것이다.'라는 확신과 믿음으로 완전무장해야 한다. '과연, 무엇이 달라지기는 할까?'라는 의심조차 해선 안 된다. 특히 환경으로 인해 넘어져서 다시는 일어나지 못하는 지경까지 자신을 내몰지 않아야 한다.

의심은 우리 안의 적이다. 자신이 원하는 삶을 위해 마음을 다하고 더 나은 행동을 한다면 엉킨 실타래가 서서히 풀리게 된다. 그러나 당장 욕심을 내어 실타래를 풀려고 하면 풀리기는커녕 더 엉킬 수도 있다. 조급함과 욕심은 거두고 내면의 힘을 믿어라. 그리고 힘든 마음과 몸을 새롭게 리셋해야 한다.

과거는 이미 흘러간 시간이다. 과거에 집착해서 현재를 잃어버려선 안 된다. 현재는 새로운 내일을 만들 수 있는 유일한 시간이다. 그런 점에서 지금의 생각과 행동이 중요하다. 더는 나약한 자신을 붙들고 늘어져선 안 된다. 누구나 강인한 내면의 힘을 갖고 있다. 자기 능력이 밖으로 충분히 표출될 수 있도록 내면의 힘을 발휘하자.

실패하는 삶을 원하는 사람은 없다. 더 잘 살고 싶고, 더 잘하고 싶지만, 결과가 실패로 나타나서 낙심하고 절망할 뿐이다. 힘든 삶을 헤쳐나가며, 노력하는 사람에게는 결과를 떠나 응원의 박수를 보내줘야 한다. 절대 자신을 탓해선 안 된다.

어둠 속에서 방황하지만 말고, 힘들더라도 한 걸음씩 밝은 세상을 향해 발걸음을 떼라. 그리고 자신을 휘감고 있는 두려움의 옷, 걱정의 옷, 불안의 옷, 의심의 옷을 하나씩 벗어 던져라. 이겨내고자 한다면 무엇이건 기필코 이길 수 있다.

고통의 눈물이 목을 메이게 하고, 마음은 벼랑 끝에 매달려 흔들리고 있는 당신! 다시 한 번 용기를 내어보자. 지금 겪고 있는 고난과 시련은 삶의 큰 그림을 그리기 위한 것이다. 눈앞에 보이는 나무만 보지 말고 숲을 보자. 고난과 시련은 삶의 큰 그림을 위해 꼭 필요한 요소다. 운명의 여신은 거듭되는 고난과 시련에도 좌절하지 않고 끝까지 목표를 향해 움직이는 사람에게 극적인 반전을 선물한다.

과거의 나는 고난과 시련에 부딪혀 흔들리고 절망하는 나 자신을 책망만 할 뿐, 거기서 벗어나고자 몸부림치는 나 자신을 제대로 알아주지 못했다. 그러다 보니 무모한 욕심을 가졌다며 스스로 질책하기 일쑤였다. 고난과 시련이 온 이유에만 집중했기 때문이다. 좋은 결과를 이루지 못한 나는 내가 아니었다. 스스로 인정할 수 없었기 때문이다. 또한, 그 생각은 새로운 도전을 두렵게 하고, 나 자신을 위축시켰다.

하지만 지금의 나는 너무도 달라졌다. 만일 내게 고난과 시련이 없었다면 비닐하우스 속의 화초처럼 나약한 존재로 계속 머물러 있을 것이 틀림없다. 삶의 진정한 깨달음 역시 알지 못한 채 '우물 안 개구리'로 살고 있을 것이다.

그런 점에서 시련은 자초하는 것이기도 하다. 삶을 대하는 경솔한 태도, 간절함으로 위장한 욕심, 타인과의 비교, 이기심, 자만심 등이 시련을 불러오기 때문이다.

주위를 살펴보면 나보다 더한 고난과 시련을 겪는 사람도 얼마든지 있다. 아무리 큰 시련도 '잘 이겨낼 수 있어, 잘 될 거야.'라는 확신을 하고 행동하면 그것은 더는 시련이 아니다. 하지만 작은 시련이라도 받아들이는 사람이 불안해한다면 그것은 범접할 수 없는 큰 시련이 된다. 어떻게 받아들이느냐에 따라 시련의 강도가 달라지기 때문이다.

시련을 통해 지난날의 모습을 뒤돌아보고, 자신이 가야 할 길을 제대로 찾아야 한다. 만일 그것을 슬기롭게 극복한다면 분명 적절한 보상이 뒤따를 것이다.

2008년 마흔여덟 살의 나이에 세상을 떠난 미국 카네기멜론대학교 컴퓨터공학과 랜디 포시 교수는 그의 저서《마지막 강의》에서 이렇게 말한 바 있다.

"장벽이 서 있는 것은 가로 막기 위함이 아니다. 그것은 우리가 얼마나 간절히 원하는 지 보여줄 기회를 주기 위해 거기 서 있는 것이다."

••• 자신을 믿고, 응원하며, 사랑하자. 나아가 고난과 시련 속에서도 삶의 열정을 불태우는 자신에게 박수를 보내자. 자신을 진정으로 사랑하고 믿을 때 희망 역시 깨어난다.

우리는 과정이 아닌 결과에 치중하는 삶을 산다. 그러다 보니 원하는 결과를 얻지 못하면 매우 힘들어 하며 절망하곤 한다. 더 큰 문제는 따로 있다. 종종 목표를 잃은 채 결과에만 매달리는 삶을 산다는 것이다.

아프리카 초원에 '가젤'과 매우 흡사한 '스프링 벅'이라는 동물이 산다. 이름 그대로 점프력이 매우 좋고 달리는 속도 역시 매우 빠르다. 보통은 작은 무리를 지어 풀을 뜯어 먹으며 사는데, 계절이 바뀌면 수천 마리가 함께 이동하는 장관을 연출하기도 한다. 처음에는 풀을 뜯어 먹으로 천천히 이동하지만, 시간이 흐를수록 점점 더 속도를 낸다. 그 이유는 앞으로 가야만 더 많은 풀을 뜯어 먹을 수 있기 때문이다. 문제는 그 다음이다. 조금이라도 앞서기 위해 밀치고 발길질하며 계속 달리다 보면 애초의 풀을 뜯어 먹기 위한 경쟁의 의미는 퇴색되고, 오직 앞서는 게 유일한 목표가 되고 만다. 그 결과, 시간이 지날수록 무엇 때문에 그렇게 무서운 속도로 달려야 하는 이유조차 까마득히 잊고 만다. 그저 아무 생각 없이 앞만 보고 질주할 뿐이다. 그쯤 되면 멈추려고 해도 절대 멈출 수 없다. 뒤에서 거대한 힘이 계속해서 밀치기 때문이다. 그 결과, 속도를 감당하지 못해 절벽 아래로 그대로 떨어져 죽고 만다.

목적을 잊은 채 살다 보면 이렇듯 생각지도 못한 초유의 상황과 만날 수 있다.

삶의 결과를 내야 하는 시간이 정해져 있는 것은 아니다. 자신의 욕심이 스스로 옥죄는 시간을 만들 뿐이다.

실수와 실패가 내 삶을 망가뜨리는 것 같다는 생각은 삶의 큰 그림을 그리지 못하게 할뿐더러 완성되지 않은 일부 그림에만 치우치게 한다. 하지만 실패는 도약을 위한 잠깐의 휴식과도 같다. 걸음마를 배웠을 때를 생각해보면 알 수 있다. 그때 만일 넘어지면서 걸음마를 배우지 않았다면 우리는 지금처럼 절대 걷지 못 할 것이다. 자전거를 배웠을 때 역시 마찬가지다. 무릎이 까지도록 넘어진 후에야 비로소 균형을 잡을 수 있었고, 앞을 향해 자유롭게 나아갈 수 있었다. 그러니 실패를 막연히 두려워해서는 안 된다. 그보다는 실패가 두려워서 시작조차 하지 않는 마음, 그것을 두려워해야 한다.

중요한 것은 고난과 시련, 실패가 불현듯 닥쳐왔듯이 행운 역시 불현듯 찾아올 수 있다는 점이다. 그러니 너무 조급해 하지 않아도 된다.

한 번뿐인 인생, 이왕이면 아름답고 행복하게 살자. 누구나 그런 삶을 살 수 있다. 그러자면 절대 자신을 포기하지 않고, 소중히 생각하며, 사랑해야 한다.

희망을 향해 우리 안의 열정 에너지를 최대한 끌어 올리자. 두려워하지 말자, 의심하지 말자, 좌절하지 말자, 불안해하지 말자, 포기하지 말자. 우리는 충분히 행복할 자격이 있다.

때로는 삶의 바닥을 치는 일이, 더 나은 미래를 위한 '숨 고르기의 시간'이 되기도 한다. 고난과 시련의 진정한 가치는 바로 거기에 있다. 스무 살까지의 삶이 '열정'으로 만들어진다면, 서른 이후의 삶은 '간절함'과 '절실함'에 의해 완성된다.

간절한가? 절박한가? 그렇다면 이제 삶을 바꿔라! 결국, 우리는 이길 것이다.

지금 자신의 삶이 너무 늦된다고 해서 걱정하지 마라!
돌아가는 길이 더 빠를 수도 있다.
삶은 직선이 아닌 곡선이다.

잊지마,
내 삶의 주인공은 나라는 걸

초판 1쇄 인쇄 2019년 4월 08일
초판 1쇄 발행 2019년 4월 15일

지은이 김경하
발행인 임채성
디자인 산타클로스 김현미

펴낸곳 루이앤휴잇
주 소 서울시 양천구 목동동로 233-1, 1010호(목동, 현대드림타워)
전 화 070-4121-6304 **팩 스** 02)332-6306
메 일 pacemaker386@gmail.com
포스트 http://post.naver.com/lewuinhewit

출판등록 2011년 8월 30일(신고번호 제313-2011-244호)

종이책 ISBN 979-11-86273-49-4 13320
전자책 ISBN 979-11-86273-50-0 15320

이 도서의 국립중앙도서관 출판시도서목록(CIP)은 서지정보유통지원시스템 홈페이지(http://seoji.nl.go.kr)와 국가자료공동목록시스템(http://www.nl.go.kr/kolisnet)에서 이용하실 수 있습니다.
(CIP제어번호: CIP 2019011154)